MINIMUS SECUNDUS

Desenvolvendo o Latim

Barbara Bell

Ilustrações de **Helen Forte**

Tradução de **Fábia Alvim Leite**

2ª impressão

FILOCALIA

Título original: *Minimus Secundus: Moving on in Latin (Pupil's Book).*

Editor
Edson Manoel de Oliveira Filho

Produção editorial
Editora Filocalia

Capa e projeto gráfico
Angela Ashton

Revisão
Felipe Augusto Neves Silva
Jane Pessoa

CIP-BRASIL. CATALOGAÇÃO NA PUBLICAÇÃO
SINDICATO NACIONAL DOS EDITORES DE LIVROS, RJ

B381m

Bell, Barbara
Minimus : desenvolvendo o latim, livro do aluno / Barbara Bell ; Ilustrações de Helen Forte ; Tradução de Fábia Alvim Leite. -- 1. ed. -- São Paulo : Filocalia, 2017.
96 p. : il. ; 27 cm.

Tradução de: Minimus secundus: moving on in latin (pupil' s book)
ISBN: 978-85-69677-14-7

1. Língua latina - Estudo e ensino. I. Forte, Helen. II. Leite, Fábia Alvim. III. Título.

17-40215 CDD: 478
CDU: 811.124

09/03/2017 10/03/2017

Editora Filocalia Ltda.
Rua França Pinto, 509 · São Paulo SP · 04016-032 Telefone: (5511) 5572 5363
atendimento@filocalia.com.br · www.editorafilocalia.com.br

Este livro foi impresso pela Assahi Gráfica em janeiro de 2024.
Os tipos são da família Scala Sans, Palatino, Tempus e Comic Sans.
O papel do miolo é o couchê fosco 115 g., e o da capa Ningbo C2S 250 g.

Conteúdo

Introdução

A família que você conhecerá neste livro viveu em Vindolanda, um forte romano no norte da Bretanha. Eles não são exatamente de Roma, mas da Batávia (hoje, a Holanda). Flavius, o pai, juntou-se ao Exército romano e toda a família atravessou o mar para chegar a Vindolanda e reunir-se a ele. Aqui estão eles:

 Flavius, 45 anos, cuida do forte	 Sua esposa, Lepidina, 37 anos	 Flavia, a filha, 21 anos
 Iulius, o filho mais velho, 18 anos	 Rufus, o filho mais novo, 8 anos	 Corinthus, o instruído escravo grego, 47 anos
 Candidus, o habilidoso escravo celta, 41 anos	 Pandora, a escrava de Lepidina, 31 anos	 A gatinha da família, Vibrissa, que vive atrás de ratinhos...

... e eu sou o rato deles, Minimus!

Estamos no ano 105 d.C. Vamos embora de Vindolanda neste verão porque Flavius tem um emprego novo em Eboracum (hoje a cidade de York, na Grã-Bretanha). É uma viagem muito longa, então eles precisarão parar para descansar no meio do caminho. Eu nunca viajei antes – espero não me perder! Acho que Vibrissa vem também... eheu!

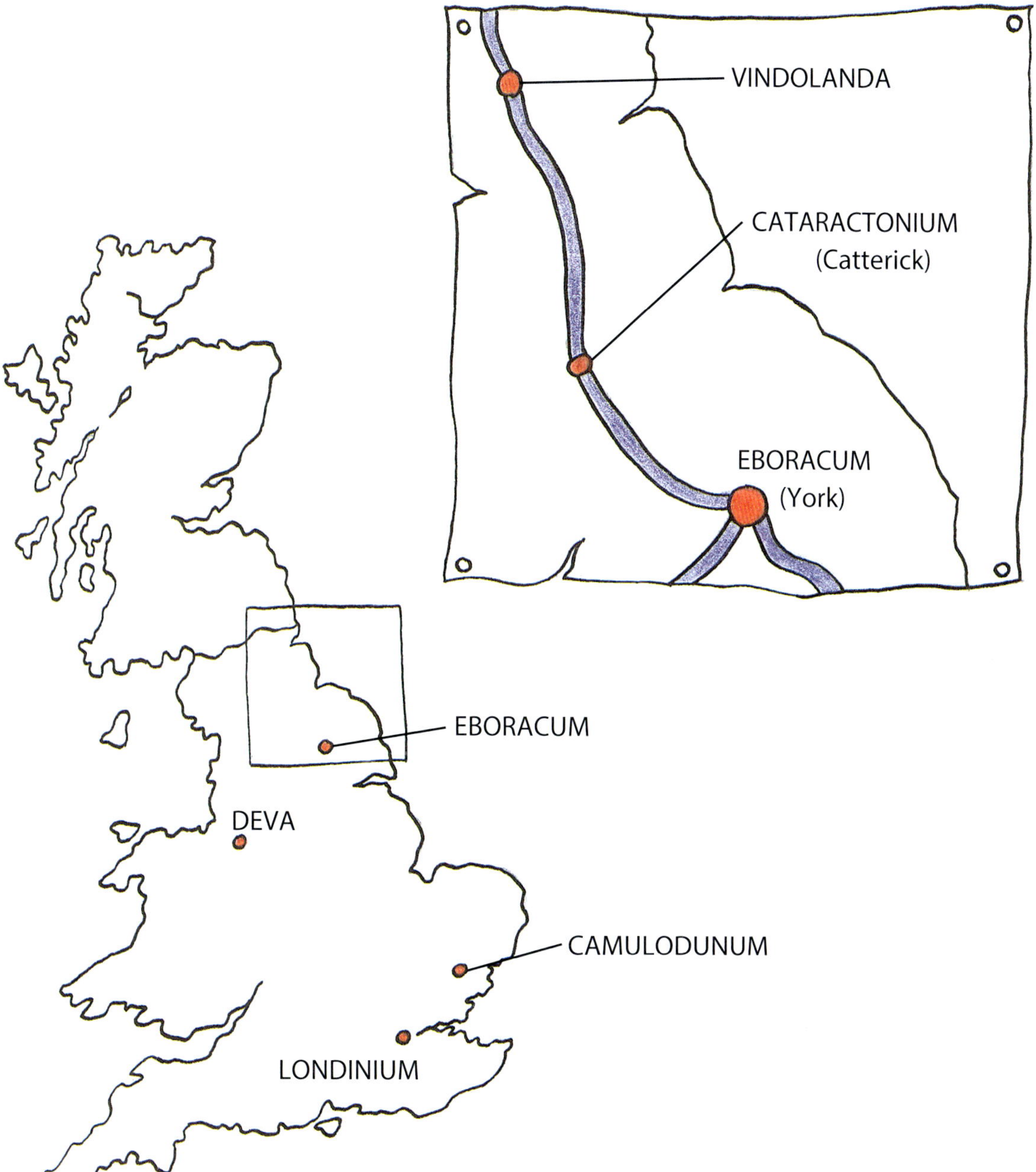
VINDOLANDA
CATARACTONIUM
(Catterick)
EBORACUM
(York)
EBORACUM
DEVA
CAMULODUNUM
LONDINIUM

Olha só onde vamos morar!

1 Iulius
Últimos Dias em Vindolanda

Uma Ocasião Especial

Agora que Flavius está indo embora de Vindolanda, todos os soldados participam de um grandioso desfile: é a maneira de eles se despedirem da família.

1
pompa appropinquat. pompa magnifica est!
ita vero!
Lepidina et Iulius pompam spectant.
2
Rufe! equum specta!
equus splendidus est. euge!
Pandora Rufum vocat.
3
ecce! pater equitat.
ita vero. equus praecipuus est!
Rufus Corinthum vocat.
4
Candide! Flavius equitat.
equus magnificus est!
Corinthus Candidum vocat.
5
milites appropinquant.
alii incedunt, alii equitant.
6
euge! Flavius praefectus optimus est!

7
Minimus et Vibrissa dormiunt.
8
subito clamorem audiunt.
c-c-cur omnes agitati sunt?
tum Rufus rem explicat.
9
euge! laeti sumus!
Minimus pompam spectat.
Vibrissa Minimum spectat.
10
vale! gratias tibi agimus!

PALAVRAS PARA AJUDAR

Substantivos
clamorem: barulho
pompa: desfile
praefectus: comandante

Adjetivos
agitati: agitados, animados
laeti: felizes
praecipuus: notável, especial

Pronome
omnes: todos

Interjeições
ecce!: Veja!
euge!: Oba!
vale!: Tchau!

Verbos
appropinquat: aproxima-se/ está se aproximando
audiunt: escutam/ estão escutando
equitat: cavalga/ está cavalgando
incedunt: marcham/ estão marchando

Advérbios
subito: de repente
tum: então

Expressões
alii...alii...: alguns... outros...
ita vero: sim
rem explicat: explica a situação

Palavra interrogativa
cur?: Por quê?

DESCUBRA A GRAMÁTICA

A palavra central de uma sentença é o **verbo**; ele pode mostrar qual é a **ação** que está acontecendo. Em latim, o verbo normalmente se encontra no **final** da sentença.

Leia com atenção as duas sentenças abaixo. Você lembra o que elas significam?

a Minimus pompam **spectat**.
b Lepidina et Iulius pompam **spectant**.

Nas sentenças, o verbo aparece em **negrito**. Veja que **spectat** significa "[ele] observa/ [ele] está observando", enquanto **spectant** significa "[eles] observam/ [eles] estão observando". **No latim, assim como em português, a terminação do verbo mostra *quem* está realizando a ação.**

Repare, também, que não existem palavras para "ele" ou "eles". A terminação do verbo é que mostra quem realiza a ação. Isso também pode acontecer em português, em algumas situações.

Veja, abaixo, um verbo conjugado:

specto [eu] observo/ estou observando	spectamus [nós] observamos/ estamos observando
spectas [você] observa/ está observando	spectatis [vocês] observam/ estão observando
spectat [ele] observa/ está observando	spectant [eles] observam/ estão observando

Esse conjunto de formas conjugadas é chamado de **presente**, porque é o tempo usado para se referir à ação que está acontecendo.

Abaixo, mais alguns **verbos**. Traduza-os, com atenção para a terminação que mostra *quem* realiza a ação.

1 equitat
2 appropinquant
3 voco
4 equitamus
5 spectat
6 equito
7 appropinquatis
8 spectatis
9 equitant
10 vocas
11 spectamus
12 appropinquas

Tente se lembrar dos finais dos verbos, porque eles serão semelhantes em centenas de outros verbos latinos.

Mas tem um verbo que é um pouco diferente!

Nos quadrinhos das páginas 6 e 7, tente descobrir o significado de **est**, **sumus** e **sunt**.

Essas palavras fazem parte do mesmo verbo. Esse verbo deve ser observado com atenção: ele não segue o padrão de conjugação de outros verbos latinos – isso acontece em muitas outras línguas, na verdade, como em português! Isso acontece porque esse verbo **não é regular**.

sum [eu] sou/ estou	**est** [ele] é/ está	**estis** [vocês] são/ estão
es [você] é/ está	**sumus** [nós] somos/ estamos	**sunt** [eles] são/ estão

RAÍZES LATINAS

Use o que você já aprendeu de Latim para explicar o sentido da palavra sublinhada em cada sentença.

1 A rainha adora ir a eventos equestres.

2 Se você é cantor, deve cuidar bem de suas cordas vocais.

3 Os clubes de futebol gostam de ver, nos estádios, muitos espectadores.

4 O serviço militar é obrigatório em muitos países.

5 Os professores, muitas vezes, recorrem a recursos audiovisuais em suas aulas.

NOTÍCIAS DE ROMA

Descobrindo o Passado

Flavius e sua família viveram em Vindolanda por aproximadamente seis anos no início do século II d.C. Juntar as evidências que ajudam a compreender a vida deles é como montar um enorme quebra-cabeça.

- Arqueólogos que fizeram escavações em Vindolanda podem nos dizer muito sobre essa família. Eles encontraram muitos itens que pertenceram à família e a outras pessoas que viveram dentro e fora do forte. Foram encontradas, por exemplo, as sandálias de Lepidina, além de seu pente, com a respectiva caixinha onde era guardado, e as agulhas de costura que ela usava. Esses **artefatos** estão expostos em um museu de Vindolanda.
- Todos os anos, arqueólogos fazem escavações em Vindolanda. Eles encontraram restos de **construções** usadas pelos soldados e, também, por Flavius e sua família. Os arqueólogos até determinaram o tamanho dessas construções, inclusive da casa onde Flavius e sua família moraram de verdade.
- Quando a família deixou o forte, Flavius decidiu queimar suas **cartas** pessoais junto com os arquivos do forte. Porém, as tabuletas de madeira escritas não foram totalmente destruídas. Elas acabaram enterradas e, quando os arqueólogos escavaram, as mensagens contidas nelas puderam ser lidas.
- Os arqueólogos também encontraram lápides com **inscrições**. Elas nos dão informações valiosas sobre as pessoas que viveram no forte e sobre suas crenças religiosas.

O adereço decorativo de cabeça que o cavalo de Flavius usava no desfile era como o que aparece na foto

Um Trabalho Importante

Depois do desfile, Flavius dá aos soldados algumas ordens surpreendentes.

1
milites! ligna colligite!
2
milites in silvam currunt.
milites ligna truncant.
3
milites rogum construunt.
4
cur hoc facimus?
nescio!
tum milites tabulas in rogum iactant.
5
ancillae laridum calidum portant
et in rogum fundunt.
6
milites silices terunt.
subito rogus ardet et tabulae ardent.
7
omnes flammas spectant.
Rufus ad rogum appropinquat.
8
Rufe! noli tangere! huc veni!
Rufus lacrimat.

PALAVRAS PARA AJUDAR

Substantivos
ancillae: escravas
laridum: banha de porco
ligna: lenha
rogum: fogueira
silices: sílex (pedrinha usada para fazer fogo)
silvam: floresta
tabulas: tabuletas de escrever

Pronome
hoc: isto

Verbos
ardet: queima/ está queimando
colligite!: recolham!
currunt: correm/ estão correndo
facimus: fazemos/ estamos fazendo
fundunt: despejam/ estão despejando
iactant: jogam/ estão jogando
nescio: não sei
terunt: esfregam/ estão esfregando
truncant: cortam/ estão cortando

Adjetivo
calidum: quente

DESCUBRA A GRAMÁTICA

Um **substantivo** é a palavra que dá nome a uma pessoa, um lugar, um objeto, etc. Nomes de pessoas e de lugares são chamados de **substantivos próprios**. Eles sempre são escritos com inicial maiúscula, tanto em latim quanto em português, como "Pandora", "Rufus" e "Vindolanda". Todas as outras palavras, em latim, são escritas com letra minúscula.

Os substantivos podem exercer diferentes funções em uma frase. Aquele que realiza a ação é chamado de **sujeito**; aquele que sofre a ação é o **objeto**. Em latim, os substantivos que exercem função de objeto têm terminações diferentes.

Veja estas duas sentenças:

a rogus ardet	A fogueira está queimando.
b milites rogum construunt	Os soldados fazem uma fogueira.

Na sentença **a**, "a fogueira" é **sujeito**. Na sentença **b**, é o **objeto**, por isso ocorre a mudança de **rogus** para **rogum**.

Copie as sentenças e traduza-as para o português. Em seguida, sublinhe o verbo, tanto na versão em português quanto na sentença original em latim. Por fim, coloque um **S** acima do sujeito e um **O** acima do objeto. A primeira já está feita para você.

S O V S V O

1 Pandora Rufum <u>vocat</u>. = Pandora <u>chama</u> Rufus.
2 Lepidina pompam spectat.
3 Minimus clamorem audit.
4 Iulius rem explicat.
5 Vibrissa Minimum spectat.
6 omnes flammas spectant.
7 milites tabulas iactant.

Pandora decide contar a Rufus uma história para animá-lo. Ele adorou o desfile, com o maravilhoso cavalo, então ela conta a ele a história de um outro cavalo, também muito especial.

PÉGASO, O CAVALO INCRÍVEL

Há muito tempo, na Grécia, vivia um lindo herói chamado Belerofonte. Ele teve uma desavença com Proteu, o rei de Corinto, então o rei deu a ele algumas tarefas terríveis para serem cumpridas. Uma dessas tarefas era matar um monstro chamado Quimera, uma fera estranha que soltava fogo pelas narinas. Ela tinha a cabeça de um leão, o corpo de um bode e a cauda era uma serpente. E estava destruindo aquele lugar. Belerofonte foi dormir, depois de ouvir as tarefas, pensando em como destruiria aquele monstro assustador. Enquanto ele dormia, a deusa Minerva apareceu e colocou uma rédea dourada ao seu lado. Quando acordou, Belerofonte viu um lindo cavalo alado, que se chamava Pégaso. Com a ajuda da rédea dourada, ele montou no cavalo e lançou-se ao céu em busca da Quimera. Assim que a avistou, desceu devagar, tapou sua respiração ardente com um pedaço de chumbo e cortou-lhe a cabeça. Belerofonte ficou tão orgulhoso de seu próprio feito que decidiu voar com Pégaso até o Monte Olimpo, onde viviam os deuses. Júpiter ficou tão irado com a arrogância de Belerofonte que mandou uma vespa para picar Pégaso. Belerofonte foi derrubado de seu cavalo e despencou para a terra.

Lembre-se: o **verbo** é a palavra que indica ação na sentença!
E um **substantivo** é o nome de uma pessoa, de um lugar, de um objeto.

2 Augustus
Iulius Se Junta ao Exército

Enfim, Soldado!

Iulius se juntou ao Exército romano e, em breve, deixará Vindolanda. Ele fala sobre esse projeto com Flavius e Rufus.

1
nunc miles Romanus sum. laetissimus sum!
cur tam laetus es, Iuli?
quod legiones Romanae notissimae sunt.
2
cur legiones Romanae notissimae sunt?
quod milites Romani semper superant.
3
nunc in Daciam vado.
cur in Daciam vadis?
quod ibi Traianus bellum gerit.
4
quis Traianus est?
scilicet imperator Romanus est.
ita vero. Traianus imperator optimus est.
5
ubi Dacia est?
Dacia trans mare est. Dacia prope Germaniam est.
6
VINDOLANDA
GERMANIA
DACIA
ITALIA

PALAVRAS PARA AJUDAR

Substantivos
bellum: guerra
dea: deusa
imperator: imperador
iter: jornada
mare: mar
pontem: ponte

Verbos
aedificant: constroem
noli timere!: não tenha medo!
superant: vencem
vado: vou

Adjetivos
notissimae: muito famosas
periculosum: perigoso
sollicitus: preocupado

Palavras interrogativas
quid?: o quê?
quis?: quem?
ubi?: onde?

Advérbios
ibi: lá
scilicet: certamente
semper: sempre
tam: tão
quoque: também

Conjunções
quod: porque
sed: mas

Expressões
bellum gerit: está em guerra

Preposições
prope: perto
trans: além de

DESCUBRA A GRAMÁTICA

No capítulo 1 você aprendeu que um substantivo é a palavra que nomeia pessoas, lugares, objetos, etc. Os substantivos podem ser caracterizados por outras palavras, chamadas de **adjetivos**.

Os substantivos, em latim, podem ser **masculinos**, **femininos** ou **neutros** (palavras neutras são aquelas que não são masculinas nem femininas). Esses – feminino, masculino e neutro – são os **gêneros** do substantivo.

Sempre que usamos um adjetivo para caracterizar um substantivo, esse adjetivo deve estar no mesmo **gênero** do substantivo. Por exemplo, Rufus está preocupado (masculino), mas Lepidina está preocupada. Ou, em latim, **sollicitus** (masculino) para Rufus e **sollicita** (feminino) para Lepidina.

Veja as quatro sentenças abaixo. Em cada uma delas há um **substantivo** e um **adjetivo** que o caracteriza. Copie cada uma delas em latim e escreva, embaixo, o significado em português. Sublinhe o substantivo e o adjetivo. Depois escreve a letra **S** acima do substantivo e a letra **A** acima do adjetivo.

1 legiones notissimae sunt.
2 milites Romani semper superant.
3 Lepidina laeta non est.
4 bellum periculosum est.

Lembre-se: os únicos substantivos escritos com letra maiúscula em latim são os nomes de pessoas e lugares – substantivos **próprios**.

Você é observador? Em latim, o **adjetivo** aparece normalmente antes ou depois do **substantivo**?

Para ajudar você a compreender melhor os **gêneros** dos adjetivos, daqui em diante vamos marcar esses gêneros nas "Palavras para ajudar". Repare no **m** (masculino), **f** (feminino) e **n** (neutro). Também mostraremos as formas masculina, feminina e neutra de cada adjetivo.

RAÍZES LATINAS

Use o que você já aprendeu de latim para explicar o sentido da palavra sublinhada em cada sentença.

1 Se um artilheiro marca o gol do campeonato, ele terá um sucesso notável.
2 Os barcos estarão ancorados na marina durante o verão.
3 Contavam-me histórias de heróis, com inimigos de enorme periculosidade.
4 Você precisa pegar um voo transatlântico para chegar à Europa.

Você acertou a última? Agora, um desafio: veja quantas palavras começadas com "trans-", em português, você consegue encontrar. Todas elas vêm do latim. Se tiver dificuldade, use um dicionário.

NOTÍCIAS DE ROMA

Juntando-Se a Eles

Iulius tem dezoito anos e está pronto para se juntar ao Exército romano. Antes de ser aceito, ele precisa passar por um exame físico e jurar lealdade ao imperador romano. Como Flavius, o pai de Iulius, é comandante do acampamento, ele vai se tornar um tipo de soldado chamado **tribunus**. Ele fará parte de uma legião chamada II Trajana. Trata-se de uma legião nova, formada pelo imperador Trajano especialmente para atuar no período das guerras Dácias (na região onde hoje é a Romênia).

Buscando Evidências

Quando desejamos saber sobre um imperador romano (o que ele fez, como ele era, que tipo de personalidade tinha), precisamos conferir com atenção as evidências. Algumas vezes, temos dados arqueológicos que mostram o que o imperador construiu, como é o caso da Muralha de Adriano, ao norte da Bretanha. Outras vezes, escritores registraram informações sobre esses imperadores, como é o caso do livro *A Vida dos Imperadores*, de Suetônio. Há, ainda, casos em que moedas e estátuas mostram como era a aparência desses homens. No caso de Trajano, podemos ver o Fórum de Trajano, em Roma, além da coluna que foi construída em sua homenagem, mostrando suas vitórias em Dácia. Temos, ainda, acesso a muitos textos escritos a respeito de sua personalidade e de suas façanhas.

> “Ele era amado por todos e temido por ninguém além do inimigo.”
>
> *Cassius Dio*

> “Quando o assunto são as construções públicas, você [Trajano] faz em grande escala.”
>
> *Plinius*

Busto de Trajano, no British Museum

A Família Diz Adeus

1
Candidus cenam optimam coquit.
omnes optime cenant et vinum bibunt.
2
Pandora suaviter cantat
et perite saltat.
3
Iuli, donum tibi habeo.
Corinthus parvum librum scribit.
4
Corinthe, gratias tibi ago!
in hoc libro sunt multae
fabulae Graecae.
5
Rufus et Iulius iocose pugnant.
tum rident.
6
Iuli, haec vestimenta cape!
Dacia frigida est.
Lepidina multa vestimenta colligit.
7
Flavius arma demonstrat.
Iulius arma intente spectat.
8
Iulius Vibrissam mulcet.
Vibrissa leniter murmurat.

9
Minimus stridet et
circum Iulium currit.
10
vale, Iuli!
dea Fortuna! filium
meum custodi!
Lepidina lacrimat.

PALAVRAS PARA AJUDAR

Substantivos
cenam (f): jantar
donum (n): presente
filium (m): filho
librum (m): livro
vestimenta (n pl): roupas

Pronome
tibi: para você

Expressões
gratias tibi ago: obrigado(a)

Verbos
bibunt: tomam
cape!: pegue!
colligit: junta
coquit: cozinha
custodi!: cuide!
habeo: tenho
mulcet: faz carinho
murmurat: ronrona
pugnant: lutam
rident: riem
saltat: dança
stridet: guincha

Adjetivos
frigidus/ a/ um: frio(a)
parvus/ a/ um: pequeno(a)

Pronome
meus/ a/ um: meu/ minha

Advérbios
intente: com atenção
iocose: brincando
leniter: gentilmente
optime: muito bem
perite: com habilidade
suaviter: docemente

Os substantivos podem estar no **singular** (como "livro") ou no **plural** (como "livros"). De agora em diante, marcaremos os substantivos que estiverem no plural com **pl**, logo depois do gênero, na seção "Palavras para ajudar".

Como eles se sentem?

Iulius está prestes a partir para uma longa viagem a Dácia e sua família ficará um longo tempo sem ele.

Como você acha que cada um deles se sente em relação a essa viagem? Imagine que Iulius seja seu irmão mais velho. Como você se sentiria? Por que a viagem, naquela época, era mais perigosa para Iulius do que seria hoje em dia?

DESCUBRA A GRAMÁTICA

Na história em quadrinhos das páginas 13 e 14, vimos que os **adjetivos** são usados para caracterizar os **substantivos**, como é o caso do substantivo "imperador" (**imperator**), que foi caracterizado por meio do adjetivo "ótimo" (**optimus**).

Também na história, alguns **verbos** são enriquecidos de sentido por meio do uso de **advérbios**, que ajudam a mostrar *como* a ação do verbo foi realizada. Por exemplo, "Pandora canta docemente". Em português, muitos advérbios terminam em ***-mente***.

Mas tome cuidado! Alguns advérbios não seguem essa terminação. Na frase "Vibrissa caça ratos muito bem", a palavra "bem" é um advérbio.

A palavra "advérbio" ajuda a lembrar que se trata de uma classe de palavras que geralmente acompanha o **verbo**.

Veja, novamente, a história em quadrinhos. Veja quantos adjetivos e advérbios você encontra. Divida-os, então, em duas colunas. Escreva cada uma dessas palavras primeiro em latim, depois em português.

Corinthus tenta animar Lepidina contando a ela a história do famoso herói grego Odisseu, que conseguiu chegar em casa a salvo depois de viver muitas aventuras.

ODISSEU NO MAR

Depois que os gregos derrotaram os troianos e destruíram sua cidade, eles zarparam para voltar à Grécia. O herói Odisseu levou dez anos para retornar a sua casa, em Ítaca. Isso porque ele viveu muitas aventuras nesse caminho de volta. Um dia, ele e seus homens tiveram de navegar perto das Sirenas. Elas eram terríveis criaturas que tinham cabeça e voz de mulheres, mas em corpos de pássaros. Elas cantavam tão docemente que atraíam, com esse canto, os navegantes para a morte, que se chocavam contra as pedras que rodeavam a ilha onde elas viviam. Odisseu tinha um plano muito astuto. Ele queria muito ouvir o canto das Sirenas, mas, ao mesmo tempo, não pretendia deixar sua embarcação em perigo. Então, fez com que seus homens enchessem os ouvidos de cera de abelhas, de modo a não serem capazes de escutar o canto das Sirenas. Ele mesmo, Odisseu, não colocou cera nos ouvidos, mas pediu aos outros que o amarrassem firmemente ao mastro da embarcação onde estavam. Quando eles se aproximaram das Sirenas, Odisseu ouviu aquele doce cantar e sentiu um forte impulso de se jogar na água. Foram as cordas, amarradas firmemente, que o seguraram. Os outros homens remaram freneticamente, até chegarem a um ponto seguro, longe das ardilosas Sirenas.

3 September
Pé na Estrada

Uma Viagem Difícil

A família terminou de organizar a bagagem. Eles partem para a viagem a bordo de uma carroça coberta. Flavius vai à frente da família em seu cavalo, e há soldados armados para proteger a família.

1
tota familia tacita sedet. iterum pluit.
2
via limosa est.
plaustrum lente procedit.
3
cavete! periculosum est. via lubrica est.
4
eheu!
subito plaustrum in fossam decidit.
5
necesse est vobis e plaustro descendere.
tota familia descendit.
6
difficile est mihi plaustrum propellere. Candide! Corinthe! adiuvate!

7
euge!
tandem plaustrum in via est.
familia in plaustrum
iterum ascendit.
8
nunc tonat. Rufus perterritus est.
necesse est mihi cantare.
9
advesperascit. tandem
Cataractonium adveniunt.
10
intrate! exspectatissimi estis!
Flavia et maritus, nomine Gaius,
familiam accipiunt.

PALAVRAS PARA AJUDAR

Substantivos
fossam (f): vala
maritus (m): marido
plaustrum (n): carroça

Pronomes
mihi: para mim
tibi: para você
nobis: para nós
vobis: para vocês

Advérbios
iterum: novamente
lente: lentamente
tandem: finalmente

Verbos
accipiunt: recebem
adiuvate!: ajudem!
adveniunt: chegam
advesperascit: está escurecendo
cavete!: tomem cuidado!
decidit: cai
intrate!: entrem!
pluit: está chovendo
sedet: está sentada
tonat: está trovejando

Infinitivos
cantare: cantar
descendere: descer
propellere: puxar

Expressões
difficile est: é difícil
necesse est: é necessário

Adjetivos
exspectatissimus/ a/ um:
muito bem-vindo(a)
limosus/ a/ um: enlameado(a)
lubricus/ a/ um: escorregadio(a)
perterritus/ a/ um: apavorado(a)
tacitus/ a/ um: em silêncio

Preposição
e: de

Lembre-se: um **verbo** é uma palavra que, geralmente, indica ação!

Na história em quadrinhos que você leu apareceram novas **terminações de verbos**.

Observe o verbo **cantare**. Significa "cantar". Essa forma chamamos de **infinitivo**. Veja novamente os quadrinhos 5 e 6. Tente encontrar mais dois infinitivos. O que eles significam?

Lembre-se: em latim, geralmente os infinitivos terminam em **-re**, mas em português as terminações mais comuns são -ar, -er e -ir.

Encontramos também alguns verbos, como **pluit**, que significa "chove/ está chovendo". Nesse caso, o verbo não tem sujeito e é chamado de verbo impessoal. Veja que nos quadrinhos 1 e 9 há **verbos impessoais**.

Agora traduza as frases abaixo. Depois de traduzi-las, escreva todos os infinitivos que encontrar.

Quer uma dica? Nem todas as frases têm infinitivo...

...e são oito infinitivos!

1 in Britannia semper pluit.
2 Vibrissa dicit: "iterum pluit. necesse est mihi currere."
3 Vibrissa dicit: "difficile est mihi currere quod obesa sum."
4 Lepidina dicit: "Rufe, advesperascit. necesse est tibi dormire."
5 Rufus dicit: "sed difficile est mihi dormire quod fessus non sum."
6 Lepidina dicit: "advesperascit. necesse est nobis festinare."
7 Flavius dicit: "sed difficile est nobis festinare quod via lubrica est."
8 Rufus dicit: "iterum tonat. perterritus sum."
9 Pandora dicit: "Rufe, noli timere! necesse est mihi cantare."
10 Rufus dicit: "nunc non tonat. euge!"

As construções com **necesse est** e **difficile est** são co
em latim; suas versões em português ("É necessári
"É difícil...") também ocorrem com bastante frequê

Como eles se sentem?

A família partiu para sua viagem. Eles estão em silêncio, esperando para partir. Tente imaginar como cada membro da família se sente à medida que se aproximam de sua nova casa em Eboracum. Descreva os sentimentos de cada um: Flavius, Lepidina, Rufus, Vibrissa, Minimus, Corinthus, Candidus e Pandora.

RAÍZES LATINAS

Use o que você já aprendeu de latim para explicar o sentido da palavra sublinhada em cada sentença

1 O barco não podia se mover porque seu <u>propulsor</u> estava preso na lama.

2 Preciso deixar meu trabalho <u>sedentário</u> e começar a fazer mais exercícios.

NOTÍCIAS DE ROMA

As Estradas Romanas

Os romanos eram conhecidos por projetar e construir estradas retas, não importando para onde elas fossem. Quanto mais retas pudessem ser as estradas, melhor. Assim os soldados podiam marchar rapidamente e evitar emboscadas. As estradas ligavam Roma com as várias regiões conquistadas pelos romanos. Na Bretanha, os romanos construíram aproximadamente 13 mil quilômetros de estradas. Alguns trechos delas continuam a existir e, em certos casos, é até possível caminhar ou mesmo dirigir em estradas romanas.

Boa parte do trabalho de construção dessas estradas era feito por soldados das legiões. Eles cavavam valas às margens da estrada para drenar a água da chuva. Então, eles usavam a terra e o pedregulho que haviam retirado das laterais para construir um pequeno monte entre as valas. Sobre esse elevado, colocavam grandes pedras, além de uma camada de pedrinhas menores por cima. Na última camada, ainda colocavam mais uma, de pedras grandes encaixadas firmemente umas nas outras. Isso era conhecido como "empedramento". Geralmente a superfície da estrada era levemente curva, para auxiliar no processo de drenagem da água da chuva. As estradas romanas tinham até oito metros de largura.

Se a estrada era boa, os soldados podiam marchar até cinquenta quilômetros por dia. As pessoas também viajavam em mulas ou burros. Em uma das tabuletas de Vindolanda, um centurião reclama que os suprimentos para Cataractonium atrasaram para chegar porque a estrada por lá era ruim.

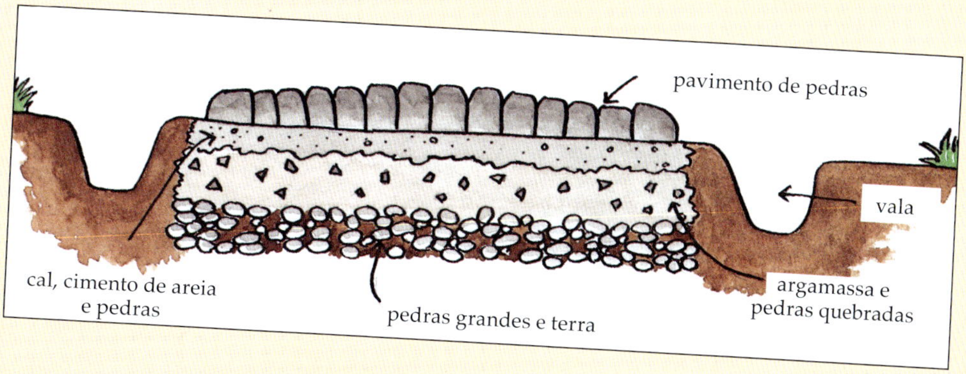
pavimento de pedras
vala
cal, cimento de areia e pedras
pedras grandes e terra
argamassa e pedras quebradas

Flavia Não Está Bem

Os escravos de Flavia prepararam um jantar especial de boas-vindas para a família.

1
conside, vir optime! exspectatissimus es.
2
nonne cena optima est?
minime. cena modica est. pavo non adest!
Candidus cenam inspicit.
3
Flavius et Lepidina cenam optimam consumunt. sed Flavia nihil consumit.
4
quid agis, Flavia? cur cibum non consumis?
difficile est mihi cibum consumere.
5
cur difficile est?
quod cotidie vomo.
Flavia celeriter exit.
6
gravida es!
ita vero! gravida sum.
Flavia ad triclinium revenit.

PALAVRAS PARA AJUDAR

Substantivos
avia (f): avó
avus (m): avô
cibus (m): comida
deae matres (f pl): deusas mães
obstetrix (f): parteira
pavo (m): pavão
triclinium (n): sala de jantar

Expressões
plus vini: mais vinho
quid agis?: o que há?
vir optime!: senhor
gratulationes! (f pl): parabéns!

Verbos
adest: há
consumunt: comem
ero: serei
inspicit: observa
revenit: volta
conside!: sente-se

Infinitivos
propinare: brindar
quiescere: descansar

Adjetivo
modicus/ a/ um: simples

Advérbios
celeriter: rapidamente
cotidie: todos os dias
minime!: não

Lepidina ainda está um pouco preocupada com a filha. Corinthus tenta distraí-la contando uma história grega. Em alguns minutos Lepidina já começa a sorrir.

UM NASCIMENTO BEM ESTRANHO

Certa vez, Zeus, o rei dos deuses, caiu de amores por uma deusa dos mares chamada Métis. A Mãe Terra, então, aconselhou Zeus, dizendo que qualquer criança nascida dessa união com Métis poderia superá-lo. Porém Zeus não conseguia se segurar. Ao aproximar-se de Métis, engoliu-a logo inteira. Logo em seguida, começou a sentir enormes dores de cabeça: era como se sua cabeça fosse explodir. Ele uivou tão alto a ponto de fazer tremer o Monte Olimpo. Hermes ficou preocupado com Zeus e correu em busca de Hefesto, o deus ferreiro. Com um machado, hefesto abriu um buraco no crânio de Zeus. De lá saiu Atena, a deusa da estratégia, fortemente armada e proferindo gritos de guerra. Que nascimento mais estranho! É claro que Zeus, sendo o rei dos deuses, logo estava recuperado daquele parto tão inesperado.

4 October

Vida Nova em Eboracum

Depois de se despedir de Flavia e Gaius, a família chega a Eboracum. A casa nova deles fica perto da fortaleza. E eles saem para explorar o local...

Descobrindo Eboracum

1
quis est?
ecce! Barates adest! amicus meus est. Barates vexillarius est.
2
Barates é da Síria, mas viajou para a Bretanha para negociar com o Exército romano. Ele vende belos tecidos e faz bandeiras. Ele mostra à família o que há em Eboracum.
3
quis es? tu quoque vexillarius es?
minime! ego figulus sum.
4
quid est?
figlina est. in figlina sunt paterae et ollae.
5
quis es? tu quoque figulus es?
minime! ego ferrarius sum.
6
quid est?
fornax est. ecce! sunt clavi et gladii.

7
trans flumen est horreum.
in horreo multum frumentum est.
8
horreum maximum est!
ita vero. necesse est nobis frumentum condere.
9
multae naves in flumine sunt.
familia naves spectat.
10
ecce! naves cum amphoris e Gallia adveniunt.

PALAVRAS PARA AJUDAR

Substantivos
amicus (m): amigo
amphoris (f pl): jarros
clavi (m pl): pregos
ferrarius (m): ferreiro
figlina (f): olaria
figulus (m): oleiro
flumen (n): rio
fornax (f): fornalha
frumentum (n): cereal
horreum (n): celeiro
naves (f pl): navios
ollae (f pl): panelas
paterae (f pl): potes
vexillarius (m): vendedor de bandeiras

Verbos
Infinitivo
condere: armazenar

Pronome
tu: você

Preposição
cum: com

DESCUBRA A GRAMÁTICA

Quando contamos uma história, devemos evitar repetir, a todo momento, o nome dos personagens: "Barates vem da Síria. Barates é um vendedor de bandeiras. Barates mostra à família a cidade de Eboracum."

Em vez de repetir o nome de Barates tantas vezes, é muito mais simples usar a palavra "ele": "Barates vem da Síria. Ele é um vendedor de bandeiras...". As palavras que ficam nos lugares dos nomes são chamadas de **pronomes**.

Em português usamos os pronomes com muita frequência. Mas, assim como em latim, não é preciso que o pronome esteja explícito para mostrar *quem* faz a ação do verbo. O verbo, sozinho, já mostra quem realizou determinada ação.

Em latim é ainda mais comun do que em português os pronomes não aparecerem explicitamente. Quando eles aparecem é para dar ênfase a quem realiza a ação.

Volte aos quadrinhos 3 e 5, na página 27. Encontre duas pequenas palavras latinas que significam "eu" e "você". Elas são chamadas de **pronomes pessoais**. Lembre-se de que, em latim, os pronomes só são usados explicitamente para indicar ênfase.

Agora reescreva o parágrafo abaixo, substituindo os nomes que se repetem por pronomes.

Flavius e Lepidina chegam a Eboracum. Eboracum é muito maior do que Vindolanda. Flavius e Lepidina veem Barates. Barates leva Flavius e Lepidina até o rio. Barates mostra o celeiro para Flavius e Lepidina. Flavius e Lepidina olham para o celeiro. Flavius e Lepidina dizem: "O celeiro é muito grande e o celeiro fica perto do rio". Então Flavius e Lepidina olham os navios. Os navios estão carregando mercadorias de diversos países diferentes. Flavius diz: "Vejam aqueles jarros nos navios!". Lepidina diz: "Os jarros estão cheios de vinho da França e azeite da Espanha".

RAÍZES LATINAS

Use o que você já aprendeu de latim para explicar o sentido da palavra sublinhada em cada sentença.

1 Se nós formos ao cinema multiplex, podemos escolher qual filme queremos ver.

2 Agora que estou estudando latim e grego, estou me tornando multilíngue.

3 O Brasil é um país multirracial.

4 Para chegar a 100, multiplicamos 25 por 4.

5 Por que você acha que, no filme *Gladiador*, o famoso lutador se chamava Maximus?

NOTÍCIAS DE ROMA

Eboracum (atual York)

Depois de aproximadamente cem anos da chegada de Flavius e de sua família a Eboracum, o local se tornou uma das cidades mais importantes da Bretanha romana. Começou como um forte para os soldados, durante o século I d.C. Então, um pequeno agrupamento de pessoas foi se desenvolvendo além das fronteiras do forte. Isso permitiu que mercadores, comerciantes e famílias que seguiam as tropas ficassem hospedados naquele local. Era assim, aliás, que muitas cidades romanas começavam.

Flavius e sua família estão conhecendo Eboracum em um dos momentos iniciais de seu desenvolvimento. As construções fora do forte eram feitas de madeira ou pau a pique. Há muitos artesãos que vendem seus produtos por ali, além das mercadorias que chegam pelo rio Ouse, em navios, a partir de várias regiões do Império Romano. Na margem oposta do rio há uma série de armazéns. Cada um deles vende um tipo diferente de produto: há aqueles que vendem grãos, há outros que são especializados em vender lã, por exemplo.

Flavius e sua família têm uma grande casa perto do forte. Há planos de se construir um novo forte, feito de pedras. A função de Flavius será supervisionar essa nova construção. Quando a população local descobre que o forte será substituído por outro, feito de pedras, percebe que o Exército romano veio para ficar.

O Celeiro Já Era

No dia seguinte, Rufus descobre que há alguns trabalhadores destruindo o celeiro.

1
pater! mater! ecce! fabri horreum delent.
2
familia fabros spectat. fabri ligna detrahunt.
3
euge! facile est nobis horreum delere.
4
fabri! sistite! necesse est vobis ligna diligenter tollere. ligna cara sunt.
5
ecce, Rufe! nunc fabri diligenter laborant.
sed cur fabri horreum delent?
6
quod frumentum malum est.

7
cur frumentum malum est?
quod multi scarabaei in frumento sunt. necesse est nobis horreum delere.
8
ubi scarabaei sunt?
ecce! sunt milia scarabaeorum in frumento.
9
Rufe! scarabaei foedi sunt. noli tangere!
10
minime! scarabaei iucundi sunt.
Rufe! necesse est tibi digitos lavare! mecum veni!

PALAVRAS PARA AJUDAR

Substantivos
digitos (m pl): dedos
fabri (m pl): trabalhadores
ligna (n pl): madeira
scarabaei (m pl): carunchos

Adjetivos
carus/ a/ um: caro(a)
foedus/ a/ um: nojento(a)
iucundus/ a/ um: engraçado(a)
malus/ a/ um: ruim
milia: milhares

Verbos
delent: estão destruindo
detrahunt: estão removendo
laborant: estão trabalhando
noli tangere!: não toque!
sistite!: parem!
veni!: venha!

Infinitivos
lavare: lavar
tollere: remover

Pronome
mecum: comigo

Expressão
facile est nobis: é fácil para nós

NOTÍCIAS DE ROMA

Arqueólogos, trabalhando em Eboracum, descobriram muito sobre o celeiro. Quando examinaram, ao microscópio, os restos dos grãos encontrados naquele lugar, puderam descobrir, com clareza, pequenos carunchos mortos. Ao que parece, a infestação foi tão grave que os soldados do forte decidiram destruir o celeiro e começar a construção de um novo, do começo. Colocaram, então, uma camada de argila e começaram a construção do celeiro novo por cima. O novo também era feito de madeira e parece que, infelizmente, foi também destruído, só que em um incêndio. Os arqueólogos encontraram muitos vestígios de grãos queimados em Eboracum. As construções em madeira sempre corriam o risco de incêndio, mas celeiros de pedra só começaram a ser construídos anos mais tarde.

A imagem, de microscópio, mostra um caruncho sobre material carbonizado

Destruir o celeiro para se livrar dos carunchos é uma tarefa longa e difícil. Isso faz Corinthus se lembrar da história de um famoso herói grego, que também teve de destruir uma enorme praga.

HÉRCULES E A HIDRA

Na Grécia, em um local chamado Lerna, vivia uma criatura assustadora, uma espécie de serpente aquática. O monstro era chamado de Hidra e tinha muitos pescoços sinuosos de onde saíam cabeças cheias de veneno gotejante. Ela vivia em um pântano sombrio, alimentando-se dos rebanhos e destruindo plantações com seu hálito venenoso que espalhava a morte.

Hércules, em determinado momento de sua vida, recebeu doze tarefas muito difíceis, chamadas de "Os doze trabalhos de Hércules". Uma dessas tarefas era matar a Hidra. Ele, então, atraiu a criatura para fora de seu covil e começou a bater nela com sua clava. Porém, conforme ele destruía uma cabeça, duas outras nasciam naquele mesmo lugar. Hércules, então, pede ajuda a seu amigo Iolaus. Cada vez que Hércules destruísse uma das cabeças, Iolaus deveria atear fogo e queimar o que sobrava, para que nada mais nascesse naquele lugar. Pouco a pouco, ele destruiu o monstro. Por fim, Hércules mergulhou suas flechas no veneno da Hidra, tornando-as armas ainda mais letais.

5 November

Novidades por Perto, Notícias de Long

Tristes Notícias

Flavius foi visitar os soldados no forte e recebeu tristes notícias.

1
carissime, cur tam tristis es?
quod Duccius mortuus est.
2
quis Duccius est?
Lucius Duccius Rufinus miles optimus erat. signifer erat.
3
quid signifer est?
signifer signum in proelium portat.
4
signifer quoque stipendium curat. signifer stipendium sub sacello custodit.
5
mihi placet sculptorem optimum invenire.
Flavius celeriter exit.
6
salve!
salve! quid vis?
Flavius officinam intrat.

7
signifer, nomine Lucius Duccius Rufinus, mortuus est. volo te titulum splendidum facere.
ita vero. facile est mihi titulum sculpere.
8
Flavius dá ao escultor os detalhes para que ele possa esculpir a sepultura. E o escultor começa imediatamente.
9
volo sculptorem spectare.
tibi licet sculptorem spectare.
paucos post dies Flavius et Lepidina et Rufus ad sculptorem reveniunt.
10
ecce signum! ecce phalerae!
eheu! Duccius iuvenis erat.

PALAVRAS PARA AJUDAR

Substantivos
dies (m pl): dias
iuvenis (m): jovem
phalerae (f pl): medalhas
proelium (n): batalha
sacellum (n): oratório
signifer (m): guardião da insígnia
signum (n): insígnia
stipendium (n): pagamento
titulus (m): inscrição

Verbos
curat: cuida
custodit: mantém em segurança
erat: era
volo: desejo, quero
vis: você deseja, quer

Infinitivo
facere: fazer
invenire: encontrar
sculpere: esculpir

Expressão
mihi placet: quero
tibi licet: você pode

Adjetivos
carissime: querido
paucos: poucos
tristis/ e: triste

Preposições
post: depois de
sub: sob

Advérbio
tam: tão

DESCUBRA A GRAMÁTICA

Na história em quadrinhos, aparecem duas novas construções: **mihi placet** e **tibi licet**.

Literalemnte, essas expressões são traduzidas assim: "é agradável a mim" e "é permitido a você".

Mas as pessoas não costumam falar assim! Quando traduzimos, devemos nos preocupar em deixar o texto traduzido natural, semelhante à maneira como palavras e expressões são ditas na língua para a qual o texto é traduzido. Assim, é muito melhor traduzir essas expressões como "eu quero" e "você pode".

Você se lembra das palavras usadas para fazer perguntas? Qual é a diferença entre **cur?**, **quis?** e **quid?**

Veja novamente a história em quadrinhos. Você consegue encontrar os **infinitivos**? Lembre-se de que eles geralmente terminam em **-re**. Um deles foi usado mais de uma vez.

RAÍZES LATINAS

Use o que você já aprendeu de latim para explicar o sentido da palavra sublinhada em cada sentença.

1 Ao final do julgamento, o juiz determinou que o réu fosse colocado sob <u>custódia</u>.

2 Três vezes na semana, ela dava aulas naquela escola <u>voluntariamente</u>.

3 Caçavam na reserva estadual embora não tivessem <u>licença</u> para isso.

NOTÍCIAS DE ROMA

O Signifer (Guardião da Insígnia)

Cada uma das unidades do Exército romano tinha seu próprio "estandarte" – um símbolo ou emblema que identificava aquela parte da legião. Esse estandarte era carregado pelo guardião da insígnia (**signifer**), um dos oficiais do Exército romano. Ele carregava o estandarte com muita honra, e era considerada uma grande desonra e vergonha a perda dessa bandeira para o inimigo. Os entalhes na coluna de Trajano mostram que o guardião da insígnia normalmente vestia uma armadura de escamas (feita de camadas sobrepostas) e uma pele de urso, e carregava um escudo pequeno e redondo.

O guardião da insígnia também era encarregado de fazer o pagamento dos soldados. Esse dinheiro ficava guardado em um cômodo trancado embaixo do **sacellum** do santuário dos fortes militares.

Aqui está Lucius Duccius, o guardião da insígnia. Em sua mão direita, ele está segurando o estandarte militar. Você pode ver as **phalerae** no mastro, com uma mão no topo? Em sua mão esquerda, Lucius está segurando um conjunto de tabuletas. O que você acha que está escrito nelas?

Note que Lucius não está usando uma pele de urso, mas uma capa de lã celta não muito comum chamada **paenula**. A inscrição abaixo da figura fala mais sobre Lucius.

Você precisa conhecer algumas das abreviações:

1. LEG é a abreviação para **legio**. Os numerais romanos dizem qual é a legião de Lucius. A que legião ele pertence?
2. AN é a abreviação para **annos**. Você pode descobrir quantos anos Lucius tinha quando morreu?
3. VIEN é a abreviação para **Vienne**. Isso mostra que Lucius era de Vienne, na Gália (agora, França, não Áustria).

Por que você acha que Flavius mandou fazer essa lápide para Lucius Duccius?

essa nova construção. Quando a população local descobre que o forte será substituído por outro, feito de pedras, percebe que o Exército romano veio para ficar.

A lápide de Lucius Duccius Rufinus, que atualmente está no museu de Yorkshire

Uma Carta de Dácia

1
Lepidina laeta est.
Lepidina epistulam tenet.
Lepidina epistulam legit.
2
Dacia frigida est. saepe pluit.
3
nunc ningit!
4
alii milites pontem aedificant.
5
pons trans Danuvium transit.
pons mirus est. sunt multa saxa.
6
necesse est militibus diligenter
laborare et saxa portare.

7
alii milites fortiter pugnant. ego tamen non pugno quod scriba sum.
8
Traianus dux optimus est. Traianus cum militibus edit.
9
euge! Iulius tutus est!
Flavius et Rufus et servi laeti sunt.
10
sed Lepidina anxia est, quod mater est.
Dacia frigida est. bellum periculosum est . . .

PALAVRAS PARA AJUDAR

Substantivos
Danuvius (m): o rio Danúbio
dux (m): líder
epistula (f): carta
pons (m): ponte
saxum (n): pedra
scriba (m): escriba

Verbos
legit: lê
ningit: está nevando
pugno: luto
pugnant: lutam
tenet: segura
transit: atravessa

Infinitivos
laborare: trabalhar
portare: carregar

Adjetivo
tutus/ a/ um: seguro(a)

Advérbio
tamen: no entanto

Rufus está curioso sobre o clima em Dácia. Corinthus lhe conta sobre o mito das estações do ano.

DEMÉTER E PERSÉFONE

Deméter, a deusa das colheitas e de tudo aquilo que floresce, teve com Zeus uma bela filha chamada Perséfone. Um dia, Perséfone estava fora de casa colhendo papoulas, enquanto era espionada por Hades, o deus do Submundo. Hades decidiu levá-la para o Submundo para viver com ele. Assim que ele a raptou, ela gritou tão alto que seus gritos chegaram até sua mãe. Deméter lamentou a perda da filha, assim como toda a natureza. As flores murcharam, os campos secaram e as frutas apodreceram nos galhos.

Zeus ficou preocupado, então mandou Hermes até Hades, pedindo a ele que libertasse Perséfone. Hades concordou em deixá-la partir, mas apenas com a condição de que ela não tivesse comido nada durante sua estadia no Submundo. Como Perséfone já havia comido seis sementes de romã, ela só podia retornar para a terra por seis meses ao ano.

Ela voltou para sua mãe e imediatamente todas as flores começaram a florescer e os campos a crescer. Esse era o início da primavera e do verão. Mas quando Perséfone voltou para o Submundo, todos os campos pararam de crescer e as folhas começaram a cair das árvores. Ficou frio e escuro – era o início do outono e do inverno. A partir daí, Perséfone passava seis ótimos meses na terra e seis meses sombrios no Submundo, e é por isso que temos as estações do ano.

6 December
Tempo de Comemorar!

É Saturnalia!

1
Saturnalia adsunt.
Flavia et Gaius adveniunt.
2
Lepidina cenam coquit.
3
cibus optimus est!
Candidus cibum gustat.
4
Pandora in lecto recumbit.
Pandora pilleum gerit.
5
Corinthus et Candidus quoque recumbunt.
Corinthus et Candidus pilleos gerunt.
6
hodie servi sumus!
Flavius et Rufus cibum portant.

PALAVRAS PARA AJUDAR

Substantivos
cibus (m): comida
lectus (m): sofá
pilleus (m): gorro da liberdade
Saturnalia (n pl): Saturnalia, as festas de dezembro

Preposição
in: em

Adjetivos
benignus/ a/ um: bondoso(a)
pulcher/ pulchra/ pulchrum: bonito(a)

Advérbio
hodie: hoje

Verbos
adsunt: é
adveniunt: chegam
deterget: limpa
gerit: está usando
gustat: experimenta
lacrimat: está chorando
profundit: derrama
recumbit: está reclinado(a)

Infinitivo
fundere: despejar

DESCUBRA A GRAMÁTICA

É hora de praticar alguns **verbos**.

Lembre-se de olhar para a terminação de um verbo para ver quem está realizando a ação.

O que os verbos a seguir significam em português? Lembre-se de dizer se é ele/ela que está realizando a ação ou se são eles/elas.

Volte para os quadrinhos se você estiver com dúvidas sobre algum significado.

1 lacrimat
2 adveniunt
3 recumbit
4 recumbunt
5 portant
6 lacrimant
7 advenit
8 fundit
9 portat

Substantivos mudam suas terminações também, para mostrar a função deles na frase.

Compare estas duas frases:

a **Pandora** pilleum gerit. — Pandora está usando um gorro.
b Candidus **Pandoram** spectat. — Candidus observa Pandora.

Na frase **a**, Pandora é a pessoa realizando a ação. Nós dizemos que ela é o sujeito do verbo.

Na frase **b**, a ação está sendo feita a ela. Pandora é o objeto do verbo e, portanto, a terminação do substantivo **Pandora** agora muda: **Pandoram**.

NOTÍCIAS DE ROMA

Saturnalia

Saturnalia era o feriado mais importante do ano romano. O poeta latino Catulo descreve-o como **"optimus dierum"**, o melhor dos dias. Ele começava em 17 de dezembro e durava até sete dias. O festival foi nomeado a partir do deus Saturno, que os romanos imaginavam como um deus da libertação. Saturnalia era portanto um tempo de liberdade, quando um escravo e seu senhor trocavam de papéis. O escravo usava um **pilleus**, um gorro da liberdade; esse era o gorro que os escravos usavam quando lhes era concedida a liberdade em uma cerimônia formal. Também era tempo de vestir a **synthesis**, uma túnica longa, solta, sem cinto.

As festas de Saturnalia envolviam banquetes, música, dança, sacrifícios e espetáculos. As pessoas também contavam piadas e davam presentes umas às outras. Os presentes poderiam ser brinquedos, joias ou cosméticos. Velas e pequenas estatuetas feitas de terracota, chamadas **sigillaria**, também eram presentes populares.

Quais desses costumes romanos nós ainda temos quando celebramos o Natal?

Tempo de Presentes!

1
post cenam Lepidina perite saltat.
2
omnes servi hilariter cantant.
3
tota familia iocos facit.
4
necesse est mihi dona invenire.
Lepidina exit.
5
Lepidina in triclinium revenit.
Rufe! hoc donum tibi est!
Rufus pilam accipit.
6
Corinthe! hoc donum tibi est!
Corinthus librum accipit.

7
Candide! hoc donum tibi est!
Candidus candelam accipit.
8
carissime! hoc donum tibi est!
Flavius anulum accipit.
9
Lepidina! hoc donum tibi est!
Lepidina quoque anulum accipit.
10
ubi dona nobis sunt?
ecce!

PALAVRAS PARA AJUDAR

Substantivos
anulus (m): anel
dona (n pl): presentes
iocos (m pl): piadas
pila (f): bola

Verbos
accipit: recebe

Infinitivo
invenire: encontrar

Advérbio
hilariter: alegremente

Pronomes
tibi: para você
nobis: para nós

DESCUBRA A GRAMÁTICA

No quadrinho 4, Lepidina diz que precisa encontrar os presentes. Em latim, para isso é usada uma expressão com a qual é empregado um **infinitivo**:

necesse est mihi dona invenire. É necessário para mim encontrar os presentes.

Usando expressões como essa, escreva em latim:

a É difícil para mim encontrar os presentes.
b É fácil para mim encontrar os presentes.

RAÍZES LATINAS

Use o que você já aprendeu de latim para explicar o sentido da palavra sublinhada em cada sentença.

1 A mancha de gordura está tão seca que só o <u>detergente</u> não vai resolver o problema.
2 Depois de seu filho nascer, minha irmã está tendo alguns problemas no <u>pós-natal</u>.
3 Há algum tempo estou tentando conseguir <u>doações</u> para a ONG de que faço parte.

Tempo de Presentes!

Flavius
Ampulla
Vidro de perfume

Gaius
Pila
Bola

Flavia
Udones
Meias

Rufus
Capillamentum
Peruca

Pandora
Scopae
Vassouras

Candidus
Scrinium
Caixa para livros

Corinthus
Sapo
Tintura

Lepidina
Venabula
Lanças de caça

Quais presentes você acha que Minimus e Vibrissa trocaram entre si?

Tente descobrir os nomes em latim dos presentes que você escolheu.

Estes são como os anéis que Flavius e Lepidina trocaram entre si. O anel de Flavius tem um entalhe do deus Marte; o de Lepidina tem um entalhe da deusa Fortuna. Por que você acha que esses presentes são especialmente apropriados?

Entalhes de anéis romanos encontrados em um encanamento de esgoto em Eboracum

Toda a família está cansada e feliz depois das festas de Saturnalia. Rufus pergunta a Corinthus por que o festival passou a se chamar Saturnalia. Corinthus explica...

SATURNO E A ERA DE OURO

Júpiter baniu seu pai, Saturno, do Monte Olimpo e tomou seu lugar como rei dos deuses. Saturno perambulou pela terra até que, por acaso, chegou à Itália, onde se tornou rei do Lácio. Ele ensinou a seus súditos as habilidades da agricultura e os benefícios da civilização. O povo considerava seu reinado como a Era de Ouro. Todos viveram juntos em paz e a vida era próspera. Desde esses tempos felizes, o povo celebra o festival de Saturno, chamado de Saturnalia, com banquetes, liberdade e alegria – eles tentam recriar por alguns dias a Era de Ouro.

7 Ianuarius

Recomeços

Lepidina decide voltar a Cataractonium para ajudar Flavia quando o bebê chegar. Ela é acompanhada de perto pelo restante da família.

Chega o Grande Dia

1
necesse est mihi Flaviam adiuvare.
Lepidina Cataractonium revenit.
2
nunc infans advenit! adiuva! mater, adiuva!
Flavia maxime dolet.
3
noli timere! necesse est mihi obstetricem arcessere.
ita vero. celeriter!
4
nolite timere! Flavia, valida es. Lepidina, aquam porta!
obstetrix advenit.
5
Lepidina aquam et sudaria portat.
tum obstetrix et Lepidina digitos lavant.
6
Flavia! noli anxia esse! relaxa!
obstetrix Flaviam adiuvat.

7
interea Gaius anxius est.
Gaius huc illuc ambulat.
8
ecce! nunc infans adest. euge! parva filia est!
9
sed mane! alter infans adest! nunc filius est!
10
Flavia et gemini tuti sunt!
et tu avia es! gratulationes!

PALAVRAS PARA AJUDAR

Substantivos
aqua (f): água
filia (f): filha
filius (m): filho
gemini (m pl): gêmeos
infans (m/ f): bebê
sudarium (n): toalha

Verbos
adiuva!: ajude!
advenit: chega
dolet: está sentindo dor
lavant: lavam
mane!: espere!

Infinitivos
adiuvare: ajudar
arcesere: chamar
timere: ter medo

Adjetivos
alter/ altera/ alterum: outro(a)
validus/ a/ um: forte

Advérbios
huc illuc: para cá e para lá
interea: enquanto isso

DESCUBRA A GRAMÁTICA

A parteira deu várias ordens!

Em latim, assim como em português, usa-se uma forma especial do verbo para se indicar ordens ou pedidos: ela é chamada de **imperativo**.

Dê outra olhada nos quadrinhos 2, 4, 6 e 9. O que as formas abaixo significam?

adiuva! porta! relaxa! mane!

Veja novamente os quadrinhos 1 e 2. Neles, aparecem duas formas verbais muito parecidas: **adiuvare** e **adiuva**.

A primeira (**adiuvare**) é o **infinitivo** e significa "ajudar".

A segunda se parece com o infinitivo, mas não tem a parte final **-re**. A forma **adiuva** é o **imperativo** e significa "ajude".

Às vezes, queremos pedir a alguém que **não** faça determinada coisa.

Em latim, usamos as palavras **noli** e **nolite**, que significam "não". Essas palavras devem ser acompanhadas pelo infinitivo.

Veja os quadrinhos 3 e 4. Encontre as frases em latim que significam "Não tenha medo" e "Não tenham medo".

Por que você acha que às vezes usamos **noli** e às vezes usamos **nolite**?

A seguir, aparecem outros imperativos para você praticar. Tome cuidado – alguns são negativos, outros são afirmativos; alguns são singulares, outros são plurais. Traduza as frases e aponte se estão no singular ou no plural.

1 digitos lavate!
2 nolite dormire!
3 noli lacrimare!
4 aquam portate!
5 noli currere!
6 festinate!
7 cantate!
8 nolite pugnare!
9 aedifica!
10 intrate!

RAÍZES LATINAS

Use o que você já aprendeu de latim para explicar o sentido da palavra sublinhada em cada sentença.

1 Os engenheiros romanos construíam muitos <u>aquedutos</u>, famosos até hoje.

2 No tempo dos romanos, muitas pessoas <u>inválidas</u> iam aos banhos públicos para se lavarem, esperando serem curadas.

Todos Recebem os Gêmeos

1
Gaius cubiculum intrat.
Gaius geminos in terra ponit.
2
gemini validi sunt. Lares geminos accipiunt.
subito gemini vagiunt. omnes laeti sunt.
3
obstetrix geminos lavat et involvit.
4
quam pulchri sunt!
Gaius geminos tenet.
5
tu avus es!
et tu avia es!
et ego avunculus sum!
Flavius et Rufus intrant.
6
necesse est nobis astrologum arcessere.
Gaius exit.

7
astrologus stellas inspicit et intrat.
8
gemini sub capra nati sunt. horoscopus bonus est!
9
hic puer fortis et validus erit.
astrologus filium tenet.
10
haec puella valida et honesta erit.
astrologus filiam tenet.

PALAVRAS PARA AJUDAR

Substantivos
avunculus (m): tio (materno)
capra (f): cabra, signo de capricórnio
cubiculum (n): quarto
Lares (m pl): deuses domésticos
stellas (f pl): estrelas
terra (f): chão

Verbos
erit: será
involvit: enrola
ponit: coloca
tenet: segura
vagiunt: choram

Adjetivos
fortis/ forte: corajoso(a)
honestus/ a/ um: virtuoso(a)

Pronomes
hic: este
haec: esta

NOTÍCIAS DE ROMA

O Nascimento de um Bebê

Nas obras do escritor antigo Soranus, podemos encontrar evidências dos costumes romanos em relação ao parto. Os romanos não tinham certeza a respeito da duração de uma gravidez, então Flavia não saberia exatamente quando seu bebê iria nascer. Sem o benefício de um aparelho de ultrassom, ninguém teria tido condições de saber que ela estava esperando gêmeos.

A prática usual era que os bebês romanos nascessem em casa, com a ajuda de uma parteira. O médico somente era chamado se houvesse complicações. Na Germânia, assim que um bebê nascia, ele era colocado no chão; isso era feito para apresentá-lo aos deuses do lar. Se o bebê chorasse, era um sinal da aceitação dos deuses. Se o pai do bebê pegasse a criança, era um sinal de que ele era bom o suficiente para criá-lo. Só depois o bebê era lavado e enrolado bem quentinho.

Os romanos tinham anseio de conhecer o futuro, especialmente quando um bebê nascia. Eles consultavam um astrólogo, que lia o horóscopo do bebê. O bebê então era nomeado em uma cerimônia especial.

Amas de leite ou pais adotivos e símbolo do deus local de Petrovio, relevo, séculos II-III d.C.

Rufus está muito interessado nos gêmeos. Flavius conta a ele a respeito dos gêmeos mais famosos da história romana.

RÔMULO E REMO

Muito, muito tempo atrás, na Itália, o rei Numitor de Alba Longa foi forçado ao exílio por seu invejoso irmão, Amúlio. Este roubou o trono e percebeu que deveria evitar que os herdeiros do irmão ameaçassem sua posição. Ele assassinou os filhos de Numitor e tentou evitar que Reia Sílvia, a amável filha de Numitor, tivesse filhos. Seu plano maligno foi derrotado quando o deus Marte se apaixonou por Reia Sílvia e ela deu à luz dois gêmeos. Furioso, Amúlio aprisionou-a e ordenou que os bebês fossem jogados no rio Tibre. Mas os gêmeos sobreviveram: eles estavam numa cesta que flutuou em direção à terra. Uma loba amamentou os bebês e um pica-pau os alimentou com restos. Finalmente um pastor, chamado Faustino, ouviu os choros. Ele levou os meninos para casa e ele e sua esposa os criaram.

Um dia, os irmãos foram capturados e entregues a Numitor. Ele suspeitou que aqueles meninos fossem seus netos. Juntos, eles atacaram e mataram Amúlio, e Numitor tornou-se rei mais uma vez. Enfim os gêmeos partiram para fundar uma cidade própria, mas brigaram entre si e Remo foi assassinado. Então sobrou Rômulo para fundar uma cidade sozinho; ele a chamou de Roma.

Rômulo, Remo e a loba, num mosaico encontrado em Aldborough, em Yorkshire, Reino Unido

8 Februarius
É a Vez do Grego

A Primeira Aula de Grego de Rufus

Flavius decidiu que é hora de Rufus aprender grego. Corinthus encontrou um ótimo professor que mora em Eboracum.

1
salve, grammatice! hic Rufus est.
Demetrius intrat.
2
Rufe! Demetrius grammaticus novus est.
salve!
salve, Rufe!
3
ubi habitas?
nunc Eboraci habito, sed nuper circum Caledoniam navigabam.
4
nonne timebas?
ita vero. tempestas efflabat.
5
ventosum erat et maxime pluebat. mare turbulentum erat.
6
tempestas navem in mari iactabat. ego et nautae timebamus.

7
cotidie orabam quod timebam. tandem in portum navigabamus.
8
tuti sumus! necesse est nobis deis gratias agere.
9
tabulas donare volebam. ecce tabulae.
10
sed difficile est tabulas legere!
ita vero! litterae Graecae sunt.

PALAVRAS PARA AJUDAR

Substantivos
Caledonia (f): Escócia
deis (m pl): aos deuses
grammaticus (m): professor
litterae (f pl): letras
nautae (m pl): marinheiros
navis (f): navio
portus (m): porto
tabulae (f pl): tabuletas
tempestas (f): tempestade

Verbos
efflabat: soprava
erat: estava
habitas: você mora
iactabat: estava balançando
navigabam: eu estava navegando
orabam: eu rezava
pluebat: chovia
timebas: você estava com medo
volebam: eu queria

Infinitivos
donare: dar
legere: ler

Adjetivos
novus/ a/ um: novo(a)
turbulentus/ a/ um: agitado(a)

Advérbios
nuper: recentemente
tandem: finalmente

Expressões
ventosum erat: estava ventando
gratias agere: agradecer

DESCUBRA A GRAMÁTICA

Na história em quadrinhos, Demetrius conta um pouco sobre sua viagem pela Escócia. Essa jornada já havia acontecido, portanto ele a descreve para Rufus usando um tempo passado.

Verbos descrevem ações que aconteceram no passado, acontecem no presente ou acontecerão no futuro.

O novo tempo verbal que aparece na história em quadrinhos é chamado de **pretérito imperfeito**.

Veja como é sua conjugação:

naviga**bam**	Eu navegava/ estava navegando
naviga**bas**	Você navegava/ estava navegando
naviga**bat**	Ele navegava/ estava navegando
naviga**bamus**	Nós navegávamos/ estávamos navegando
naviga**batis**	Vocês navegavam/ estavam navegando
naviga**bant**	Eles navegavam/ estavam navegando

Dê outra olhada nos quadrinhos 3, 4, 5, 6, 7 e 9. Tente encontrar dez exemplos do **pretérito imperfeito**. Copie esses exemplos em seu caderno e traduza-os. Note que, como em português, o **final** do verbo é que indica quem está realizando a ação.

De novo, o verbo **sum** é uma exceção. No quadrinho 5, o pretérito imperfeito desse verbo é usado por duas vezes. A palavra é **erat**, que significa "ele/ ela era ou estava".

RAÍZES LATINAS

Use o que você já aprendeu de latim para explicar o sentido da palavra sublinhada em cada sentença.

1 Naquele ponto, os ventos inflavam as velas e impulsionavam o barco adiante.

2 Nos desertos, os índices pluviométricos são quase sempre muito baixos.

3 O serviço naval é muito importante para países que possuem um grande litoral.

4 Em zoológicos de países quentes, é difícil imitar o habitat dos pinguins, por exemplo.

5 Nunca passei por uma turbulência, mas sempre ouço dizer que é algo muito comum.

NOTÍCIAS DE ROMA

Navegação Romana

Para os romanos, navegar era extremamente perigoso. Mapas do mundo eram raros e imprecisos e, sem bússolas ou modernos equipamentos marítimos, os marinheiros tinham que achar seu caminho pelas estrelas. Os marinheiros romanos preferiam não se aventurar em mar aberto; ao invés disso, eles navegavam por curtas distâncias de porto em porto, seguindo a costa e usando pontos de referência conhecidos. Durante os meses do inverno, eles não navegavam de modo algum. No começo da primavera, os marinheiros celebravam o fato de que podiam navegar novamente. Era normal apelar aos deuses, pedindo segurança, ou mesmo fazer sacrifícios no início de uma viagem.

O professor da história em quadrinhos, Scribonius Demetrius, estava tão agradecido por sua viagem segura ao redor da Escócia que ele dedicou duas tabuletas de bronze aos deuses do mar, Oceano e Tétis. Essas tabuletas foram escritas em grego e estão agora no Museu de Yorkshire.

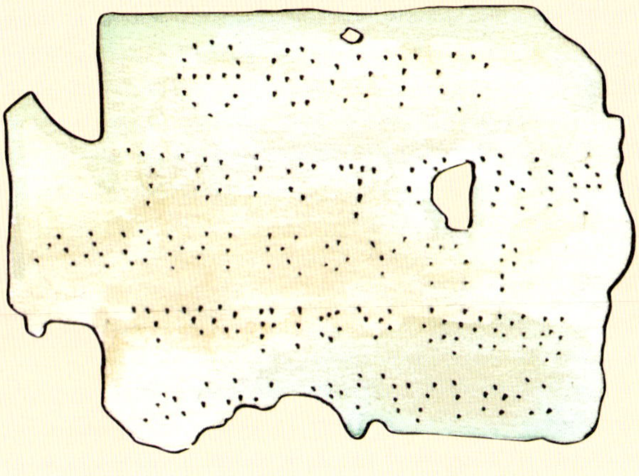

Para os deuses da casa do governador. Scrib(onius) Demetrius.

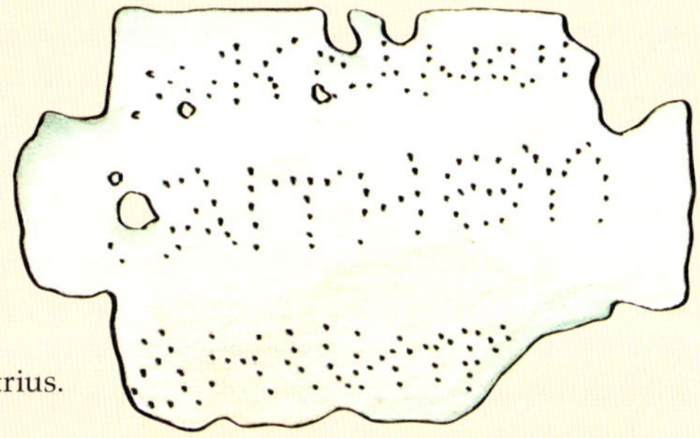

Para Oceano e Tétis. Demetrius.

As letras foram escritas com pontinhos perfurados no metal e são todas maiúsculas. Não é fácil de ler!

Rufus Aprende as Letras

1
facile est mihi has litteras scribere.
Rufus β τ ς υ scribit.
2
sed difficile est mihi has litteras scribere.
Rufus ζ ξ ψ scribit.
3
euge, Rufe! diligenter laboras.
tandem Rufus omnes litteras Graecas discit.
4
Rufus diu scribebat. nunc fessus est.
5
Graecia pulchra est. necesse erit tibi Graeciam visitare, praecipue Delphos.
6
cur Delphi tam clari sunt?
quod oraculum Delphicum notum est.

7
multos ante annos Delphos visitabam. oraculum consulebam.
8
Pythiam spectabam.
quis Pythia est?
sacerdos clara est.
9
quid Pythia faciebat?
Pythia in tripode sedebat et folia mandebat.
10
Pythia responsa Apollinis proferebat.
miraculum est! ego quoque sacerdotem videre volo!

PALAVRAS PARA AJUDAR

Substantivos
annos (m pl): anos
folia (n pl): folhas
oraculum (n): oráculo
Pythia (f): Pítia (o nome da sacerdotisa de Delfos)
responsa Apollinis: respostas de Apolo
sacerdos (f): sacerdotisa
tripode (m): trípode

Adjetivo
clarus/ a/ um: famoso(a)

Verbos
consulebam: estava consultando
discit: aprende
mandebat: mascava
proferebat: proferia
sedebat: ficava sentado(a)

Infinitivo
scribere: escrever

Expressão
necesse erit tibi: você precisará

Pronome
has: estas

Advérbios
diu: por um longo período
praecipue: especialmente

Preposição
ante: antes, atrás

DESCUBRA A GRAMÁTICA

Lembre-se de que a palavra mais importante na frase é o **verbo**!

Nós já encontramos verbos em diferentes formas.

Vamos dar uma olhada no verbo **scribere**, que significa "escrever".

Aqui estão as diferentes formas verbais que você já encontrou:

- scrib**ere** (escrever) – o **infinitivo** do verbo;
- scrib**o** (eu escrevo) – o tempo **presente** na primeira pessoa do singular. As outras pessoas ficam assim: scrib**is**, scrib**it**, scribi**mus**, scribi**tis**, scri**bunt**;
- scri**bebam** (eu escrevia) – o **pretérito imperfeito**, o novo tempo verbal que apareceu neste capítulo, na primeira pessoa do singular. As outras pessoas ficam assim: scribe**bas**, scribe**bat**, scribe**bamus**, scribe**batis**, scribe**bant**;
- scrib**e** (escreva) e scrib**ite** (escrevam) – o **imperativo** singular e o imperativo plural.

Agora vamos ver se você consegue reconhecer cada uma dessas formas verbais.

Volte à história deste capítulo. Retire dos quadrinhos os **verbos** em latim. Depois, diga quais são formas de **infinitivo**, de **presente** ou de **pretérito imperfeito**.

Preste atenção! Não há nenhuma forma de imperativo na história, mas em alguns quadrinhos há mais de um verbo.

NOTÍCIAS DE ROMA

Delfos

Delfos foi um lugar importante para gregos e romanos. De acordo com a lenda, Zeus mandou duas águias para localizar o centro da terra. Seus caminhos se encontraram em Delfos, e uma grande pedra conhecida como **ônfalo** (ou "pedra do umbigo") foi erigida para marcar o local. Todo o santuário de Delfos foi dedicado a Apolo, o deus da profecia. Por mais de mil anos, as pessoas foram até lá para consultar o oráculo quando precisavam solucionar um dilema. Depois de sacrificarem um animal, elas vinham consultar a sacerdotisa Pítia, que se purificava e se sentava na trípode sagrada. Então ela entrava em transe e dava a resposta do próprio deus. Suas respostas eram frequentemente ambíguas. Por exemplo, o rei Creso da Lídia perguntou se devia entrar em guerra com os persas. A sacerdotisa respondeu: "Se você o fizer, destruirá um grande império". Creso foi à guerra e ele de fato destruiu um poderoso império – o seu próprio.

O antigo local de Delfos

Rufus teve um dia atribulado, aprendendo o alfabeto grego e descobrindo tudo sobre o mundo dos gregos. Corinthus chega e, juntos, ele e Demetrius contam a Rufus a respeito dos deuses do mar.

OCEANO E TÉTIS

Oceano era o mais velho dos Titãs; ele era tanto um deus quanto um rio. Ele circundava toda a Terra. Todos os dias o sol e as estrelas nasciam e morriam nesse rio. Oceano casou-se com sua irmã, Tétis, que era a deusa das criaturas marinhas. Os peixes eram conhecidos como o rebanho de Tétis. Oceano e Tétis tiveram 3 mil filhos e 3 mil filhas, e uma filha adotiva, Hera, que se casou com Zeus e se tornou a rainha dos deuses. Seu marido frequentemente a irritava e a magoava com suas infidelidades. Quando ele se apaixonou por uma ninfa chamada Calisto e propôs colocar a imagem dela entre as estrelas, como uma constelação, Hera fugiu para seus pais adotivos em busca de ajuda. Tétis então se recusou a deixar que a constelação de Calisto, Ursa Maior, tocasse as águas do Oceano no fim da noite. É por isso que a Ursa Maior é a única constelação que nunca se põe abaixo do horizonte.

9 Martius

Dias Maravilhosos!

Os Nomes dos Gêmeos

De volta a Eboracum, Lepidina e Rufus contam a Pandora como foram os dois dias especiais em que os gêmeos receberam seus nomes.

1
octavo die amici et cognati ad villam veniebant.
2
dies lustricus erat. Gaius filiam tenebat.
3
nomen tuum Gaia Charisa est.
Gaius aquam in filiam spargebat.
4
omnes dona dabant. omnes laetissimi erant.
5
Rufus animalia aenea dare volebat.
sed periculosum erat quod Charisa parva erat.
6
postridie omnes ad villam reveniebant. iterum crepundia dabant.

7
nomen tuum Gaius Castor est.
Gaius aquam in filium spargebat.
8
duo infantes bullas gerebant.
9
gladius ligneus donum meum erat.
benignus eras.
10
dies miri erant.
infantes amo! fortasse olim mater ero . . .

PALAVRAS PARA AJUDAR

Substantivos
amici (m pl): amigos
bullas (f pl): pingentes de ouro
cognati (m pl): parentes
crepundia (n pl): brinquedos
dies (m): dia
dona (n pl): presentes
gladius (m): espada
nomen (n): nome
villa (f): casa

Verbos
amo: adoro
dabant: davam
eras: você era
ero: serei
gerebant: estavam usando
reveniebant: voltavam
spargebat: jogava (um pouco de água), espirrava
tenebat: segurava
veniebant: vinham

Infinitivo
dare: dar

Adjetivos
aeneus/ a/ um: de bronze
ligneus/ a/ um: de madeira
meus/ a/ um: meu/ minha

Numerais
duo/ duae/ duo: dois/ duas
octavus/ a/ um: oitavo(a)

Advérbios
fortasse: talvez
olim: um dia
postridie: no dia seguinte

Expressão
dies lustricus: dia da purificação

DESCUBRA A GRAMÁTICA

Os gêmeos nasceram dois meses atrás e ganharam nomes no oitavo e no nono dia depois do nascimento.

Por isso, Rufus e Lepidina devem usar verbos no **passado** para contar a Pandora como aconteceram as cerimônias.

Eles usaram o **pretérito imperfeito**, que você viu no capítulo anterior. Você consegue encontrar as formas verbais de pretérito imperfeito que estão presentes nos oito primeiros quadrinhos? O que esses verbos significam?

Verbos no pretérito imperfeito são fáceis de serem reconhecidos porque todas as formas desse tempo verbal contêm **-ba-**.

Mas você não vai achar esquisito que o pretérito imperfeito do verbo **sum** não segue esse padrão: ele é **irregular**.

O verbo **sum** é realmente muito importante! Compare as formas verbais a seguir, que estão no presente e no pretérito imperfeito.

Presente

sum eu sou/ estou
es você é/ está
est ele é/ está
sumus nós somos/ estamos
estis vocês são/ estão
sunt eles são/ estão

Imperfeito

eram eu era/ estava
eras você era/ estava
erat ele era/ estava
eramus nós éramos/ estávamos
eratis vocês eram/ estavam
erant eles eram/ estavam

Agora, volte aos quadrinhos 2, 4, 5, 9 e 10 e encontre exemplos do verbo **sum** no **pretérito imperfeito**. O que eles significam?

RAÍZES LATINAS

Use o que você já aprendeu de latim para explicar o sentido da palavra sublinhada em cada sentença.

1 Algumas lutas acontecem em um ringue chamado <u>octógono</u>.
2 Os adolescentes foram punidos por seu comportamento <u>infantil</u>.
3 O crocodilo feriu a perna do homem com uma mordida <u>tenaz</u>.

NOTÍCIAS DE ROMA

Dando Boas-Vindas a um Bebê

Um tempo depois do nascimento de um bebê, acontecia um evento importante, o **dies lustricus**: um dia de purificação tanto para a mãe quanto para o bebê. Também era a ocasião em que o bebê recebia um nome. Ele acontecia no oitavo dia após o nascimento de uma menina e no nono dia após o nascimento de um menino. Familiares e amigos vinham até a casa do bebê para apreciar uma refeição comemorativa. Eles traziam presentes, como brinquedos e flores. Especialmente populares eram **crepundia**, pequenos brinquedos de metal que geralmente eram amarrados em volta do pescoço do bebê. O bebê gostava do tinido que eles faziam, exatamente como um chocalho moderno.

Nesse dia especial, o bebê também ganhava uma **bulla**: um medalhão de ouro (ou de couro para uma família mais pobre) que continha feitiços para afastar espíritos malignos. Um menino não tirava sua **bulla** até que "colocasse a toga", quando se tornava um homem, com a idade em torno dos dezesseis anos; uma menina não tirava a **bulla** até o dia de seu casamento.

A **bulla** de uma criança

É Hora de Ir para Casa

Depois das duas cerimônias, Lepidina e a família voltam para casa, em Eboracum. Flavius decide voltar um dia depois, após ir à caça com um amigo. Candidus conta a Pandora como foi a caçada.

1
vale Flavia! geminos pulchros cura!
tota familia domum reveniebat.
2
Flavius et amicus, nomine Brocchus, ad venationem discedebant. ego quoque aderam.
3
quid faciebas?
ego venabula et retia portabam.
4
ad silvas equitabamus.
multi canes nobiscum aderant.
5
segosi lepores olfaciebant et ululabant.
6
vertragi celerrime currebant.
hi canes mirabiles erant.

7
maximus aper in silvis erat.
8
Flavius et Brocchus aprum petebant, sed frustra.
9
tandem septem perdices, quinque lepores et unus cervus mortui erant.
10
dies optimus erat.
ita vero. Silvanus nobiscum aderat.

PALAVRAS PARA AJUDAR

Substantivos
aper (m): javali
canes (m pl): cães, cachorros
cervus (m): cervo
domum (f): casa
lepores (m pl): lebres
perdices (m pl): perdizes
retia (n pl): redes
segosi (m pl): cães de lontra (uma raça de cães de caça)
silva (f): floresta
Silvanus (m): o deus da caça
venabula (n pl): lanças de caça
venatio (f): caça
vertragi (m pl): galgos (outra raça de cães de caça)

Verbos
aderam: eu estava lá
cura!: cuide!
discedebant: estavam saindo
faciebas: você estava fazendo
olfaciebant: estavam farejando
petebant: procuravam
portabam: eu carregava
ululabant: estavam uivando

Advérbios
celerrime: muito rapidamente
frustra: em vão

Pronomes
hi: estes
nobiscum: conosco

DESCUBRA A GRAMÁTICA

Mais uma vez, a história dos quadrinhos está no passado. Candidus, então, usou o **pretérito imperfeito** para contá-la. Dê outra olhada nos quadrinhos: existem dezesseis formas verbais no pretérito imperfeito.

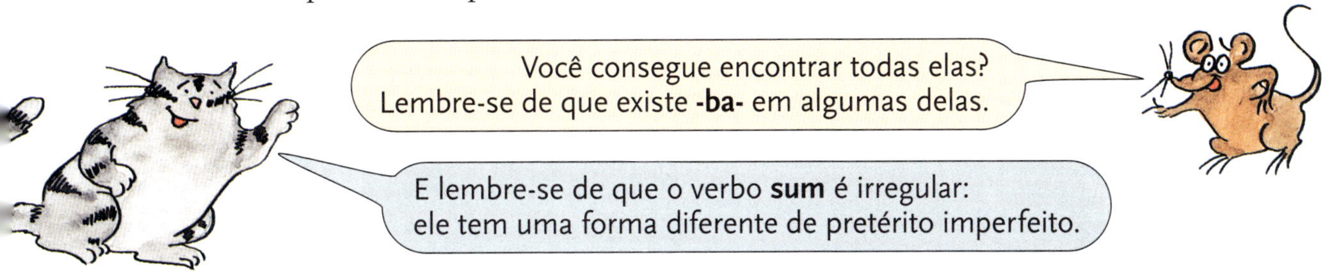
Você consegue encontrar todas elas?
Lembre-se de que existe **-ba-** em algumas delas.
E lembre-se de que o verbo **sum** é irregular:
ele tem uma forma diferente de pretérito imperfeito.

Alguns outros poucos verbos seguem o mesmo padrão que o verbo **sum**, e você já encontrou um deles: **adsum** (estou aqui ou estou presente). Nos quadrinhos 2, 4 e 10, encontre as formas desse verbo. Você consegue saber o que elas significam?

Quando temos um verbo simples, como **sum**, e adicionamos um **prefixo** (uma pequena palavra que é colocada na frente do verbo), conseguimos formar um verbo novo. Esse tipo de verbo é chamado de **verbo composto**.

O verbo **sum** tem muitos **compostos**. Estes são alguns deles:

absum estou longe
adsum estou aqui
insum estou dentro
possum consigo
praesum estou no comando
subsum estou embaixo
supersum sobrevivo

Agora vamos praticar um pouco os compostos do verbo **sum**. As formas ao lado estão todas no pretérito imperfeito. O que cada uma delas significa?

1 aderat
2 suberamus
3 poterant
4 supereramus
5 aberas
6 ineram
7 aderatis
8 praeerat
9 aberamus
10 poterat

RAÍZES LATINAS

Use o que você já aprendeu de latim para explicar o sentido da palavra sublinhada em cada sentença.

1 Dizem que um bom investigador tem um faro <u>canino</u>.

2 Alguns países conseguem <u>importar</u> menos do que exportar, mas nem todos atingem essa meta.

3 Sua avó já estava idosa e precisavam urgentemente contratar um <u>cuidador</u>.

NOTÍCIAS DE ROMA

Caça

Nós podemos ler a respeito do amigo de Flavius, Brocchus, em várias cartas de Vindolanda. Brocchus era o chefe de uma fortaleza próxima, em Briga. Em seu tempo livre, Flavius e Brocchus gostavam muito de caçar. Em uma carta, Flavius pediu a Brocchus que enviasse a ele algumas redes de caça, que deveriam ser consertadas para ficarem bem firmes.

Apesar de York ser uma cidade grande hoje em dia, quando Flavius viveu em Eboracum, a cidade era muito menor, envolvida por bosques. Caçar era uma das principais maneiras de relaxar, tanto para os soldados quanto para os civis. As pessoas caçavam a pé ou a cavalo. E caçavam todos os tipos de animais e, da mesma forma, gostavam de caçar aves, incluindo gansos e cisnes. A pescaria era popular também. Em tempos romanos, a Bretanha era famosa por seus excelentes cães de caça.

Corinthus não estava interessado em se juntar à caça, mas a descrição de Candidus fez com que ele se lembrasse de uma famosa história grega sobre um javali. Ele conta a história a Candidus e Pandora.

A CAÇADA AO JAVALI CALEDÔNIO

Eneu, rei de Cálidon, se esqueceu de fazer um sacrifício para a deusa Ártemis. Irada, ela enviou um javali gigante para destruir os campos. O filho de Eneu, Meléagro, juntou vários heróis e a bela caçadora Atalanta, e todos partiram para uma grande caçada ao javali. Meléagro se apaixonou por Atalanta, então ele ficou muito satisfeito quando ela mirou sua lança no javali e foi a primeira a sangrá-lo. O javali ficou furioso de dor e vários heróis foram mortos, juntamente com seus cães de caça. Finalmente, Meléagro deu o golpe fatal. Ele presenteou Atalanta com a cabeça e o couro do javali, acreditando que ela merecia a vitória. Isso causou grande inveja entre os heróis, que começaram uma luta, que resultou na trágica morte de Meléagro.

10 Aprilis

Idas e Vindas

Barates Vem às Compras

1
solus sum. miser sum. volo ancillam novam emere.
Barates Flavium quaerit.
2
salve, amice! quid vis?
Flavius, ad atrium vocatus, quam celerrime festinat.
3
salve! volo Pandoram emere. quanti est?
4
ehem! Candide! quaere Pandoram.
Candidus, a domino missus, ex atrio festinat.
5
Pandora, in atrium ducta, Baratem spectat. Pandora ridet.
6
Pandora diligens est. Pandora ornatrix optima est et suaviter cantat. Pandora igitur cara est.

7
volo ducentos denarios. placetne tibi?
mihi placet.
8
optime! Corinthe, tabulam para!
Corinthus, a domino iussus, condiciones in tabula scribit.
9
noli timere! Barates benignus est.
Pandora, a Barate empta, nunc anxia est.
10
sed Corinthus et Candidus tristissimi sunt.

PALAVRAS PARA AJUDAR

Substantivos
atrium (n): átrio (sala principal da casa, depois da entrada)
condiciones (f pl): condições/ acordo
ornatrix (f): cabeleireira
a domino: pelo senhor

Adjetivos
carus/ a/ um: caro(a), querido(a)
miser/ a/ um: infeliz
solus/ a/ um: sozinho(a)

Numeral
ducentos: duzentos

Verbos
festinat: se apressa
quaerit: está procurando

Imperativos
para!: prepare!
quaere!: procure!

Infinitivo
emere: comprar

Particípios
ducta: trazida
empta: comprada
iussus: solicitado
missus: enviado
vocatus: chamado

Conjunção
igitur: por isso

Interjeição
ehem!: oh!

Expressões
placetne tibi?: está bom para você?
mihi placet: está bom para mim
quam celerrime: o mais rápido que p
quanti est?: quanto custa?

DESCUBRA A GRAMÁTICA

Você já aprendeu quatro diferentes formas verbais: do tempo **presente**, do **pretérito imperfeito**, do **infinitivo** e do **imperativo**. Agora vem mais uma!

A nova forma verbal é chamada de **particípio**. O particípio vem de um verbo e, por isso, exprime uma ação, mas ele se comporta como um **adjetivo**.

Por exemplo, no quadrinho 4, Candidus foi "**enviado** por seu senhor". A palavra em latim para "enviado" é **missus**, o particípio do verbo **mittere** (enviar).

Compare isso com o quadrinho 5: "Pandora, **trazida** ao átrio...". A palavra em latim para "trazida" é **ducta**, o particípio do verbo **ducere** (conduzir). Como Pandora é uma mulher, a palavra **ductus** deve ter a forma feminina, **ducta**. Dizemos que os particípios devem concordar com o substantivo.

Encontre particípios nos quadrinhos 2, 8 e 9. Você consegue se lembrar do significado de cada um deles? Qual é masculino e qual é feminino?

RAÍZES LATINAS

Use o que você já aprendeu de latim para explicar o sentido da palavra sublinhada em cada sentença.

1 Eles eram considerados verdadeiros missionários da paz naquele país em guerra.

2 O Coliseu de Roma era o lugar onde aconteciam espetáculos extraordinários.

NOTÍCIAS DE ROMA

Barates

Nós conhecemos Barates no primeiro livro do *Minimus*. Ele é um personagem real e podemos encontrar muitos detalhes de sua vida a partir de sua lápide, que está na cidade de Corbridge, que fica na Inglaterra; a lápide de sua esposa Regina está na cidade de South Shields, no mesmo país. Barates era um **vexillarius**, vendedor de bandeiras. Ele comprou Regina como escrava, depois libertou-a e casou-se com ela. Infelizmente, Regina morreu com trinta anos, mas Barates viveu até os 68.

Barates veio de Palmira, na Síria, na região mais a leste do Império Romano; Regina era uma garota celta. Que língua você acha que eles usavam para se comunicar?

Precisa-Se de uma Escrava

Lepidina fica muito brava quando descobre que Flavius vendeu Pandora.

1
necesse est mihi ancillam novam habere.
ad mercatum festinare debemus.
Flavius et Lepidina quam celerrime exeunt.
2
Flavius servos catenis vinctos videt.
3
Lepidina ancillas in tribunali positas videt.
4
servi et ancillae edicta gerunt.
5
Lepidina verba in edictis scripta legit.
XIV
BRITTANIA
6
haec ancilla Hispanica est. optime saltat!

7
haec ancilla Graeca est.
linguam Latinam scit!
8
ecce! haec ancilla Germanica est.
perite coquit et suaviter cantat et . . .
satis! ancilla Germanica
mihi placet.
9
Flavius et venalicius pretium constituunt. ancilla, Flavio tradita, timide ridet. domum redeunt.
10
Candide! Corinthe!
Rufe! haec est ancilla nova.
haec Trifosa est.
ehem! vita melior est . . .

PALAVRAS PARA AJUDAR

Substantivos
catenis (f pl): correntes
edicta (n pl): cartazes
mercatus (m): mercado
pretium (n): preço
tribunal (n): plataforma
venalicius (m): vendedor de escravos
Flavio: a Flavius
vita (f): vida

Verbos
constituunt: acertam
debemus: devemos
gerunt: estão usando
redeunt: voltam
scit: conhece

Particípios
positas: colocadas
tradita: entregue
vinctos: presos

Advérbios
satis!: basta
timide: com timidez

Adjetivos
Hispanicus/ a/ um: espanhol(a)
melior: melhor
novus/ a/ um: novo(a)

DESCUBRA A GRAMÁTICA

Você consegue encontrar o **particípio** no segundo quadrinho?

Agora olhe para o substantivo que ele está descrevendo e observe atentamente as terminações, tanto a do **substantivo** quanto a do **particípio**.

Os escravos são descritos pelo particípio **vinctos** (presos). O particípio tem que estar no masculino e no plural, porque **servos** (os escravos) está no masculino e no plural.

Lembre-se: um particípio tem que estar no mesmo número, gênero e caso em relação ao substantivo que está descrevendo.

Agora olhe para os quadrinhos 3, 5 e 9. Em cada caso, encontre o **particípio** e então o **substantivo que ele está descrevendo.**

Candidus diz que escolher entre jovens escravas deve ser um pouco como o concurso de beleza no qual Páris teve que avaliar três deusas. Ele conta a história a Trifosa.

O CONCURSO DE BELEZA

A deusa da discórdia, Éris, foi a uma festa de casamento sem ser convidada e causou problemas ao trazer com ela uma maçã dourada. Na maçã estava gravada, em grego, esta frase: "Para a mais formosa". Três deusas, Hera, Atena e Afrodite, esperavam receber esse prêmio. Zeus, o rei dos deuses, estava relutante em fazer a escolha sozinho e pediu ao príncipe troiano, Páris, que fosse o juiz da competição. O mensageiro dos deuses, Hermes, levou as três deusas ao Monte Ida, perto de Troia, e disse a Páris que escolhesse a mais bela. Cada uma das deusas tentou suborná-lo. Hera ofereceu a Páris poder e riqueza, Atena ofereceu sabedoria e vitórias militares, enquanto Afrodite ofereceu a ele a mulher mais bela do mundo, Helena de Esparta. Páris deu a maçã a Afrodite e foi para Esparta reivindicar seu prêmio. Ele roubou Helena (que já era casada com um rei grego) e juntos navegaram para Troia. Isso causou a Guerra de Troia e explica por que o rosto de Helena é conhecido como "o rosto que lançou ao mar milhares de navios".

11 Maius

Madeira Virando Pedra

O Novo Quartel-General

Rufus e Flavius estão dando uma volta por Eboracum. Todos parecem estar envolvidos com os novos projetos de construção.

1
ecce! saccarii saxa, in lapicidinis secta, portant.
2
tum operarii saxa, in plaustris tracta, tollunt.
3
ego et architectus principia nova designamus. aedificium maximum est.
4
interea agrimensores terram inspiciunt.
5
quid est haec machina?
groma est. agrimensores designationem confirmant.
6
ecce! operarii terram complanant.

7
ecce! sculptores columnas sculpunt.
8
sed operarii cessant. ignavi sunt! cervesiam bibunt!
9
diligenter laborate!
10
operarii, a Flavio iussi, inviti laborare incipiunt.

PALAVRAS PARA AJUDAR

Substantivos
aedificium (n): construção
agrimensores (m pl): engenheiros
cervesia (f): cerveja
designatio (f): projeto
groma (f): groma (instrumento para medir o terreno)
lapicidinae (f pl): pedreiras
operarii (m pl): operários
principia (n pl): quartel-general
saccarii (m pl): carregadores
terra (f): terra, terreno

Verbos
cessant: estão parados
complanant: estão nivelando
confirmant: estão conferindo
designamus: projetamos
incipiunt: começam
inspiciunt: inspecionam
sculpunt: estão esculpindo
tollunt: pegam

Particípios
iussi: solicitados
secta: cortadas
tracta: carregadas

Adjetivos
ignavus/ a/ um: preguiçoso(a)
invitus/ a/ um: de má vontade

DESCUBRA A GRAMÁTICA

Mais uma vez, olhe com atenção para todos os verbos. Quais **partes** do verbo você consegue reconhecer? Há outros três particípios nos quadrinhos 1, 2 e 10.

Encontre-os e lembre-se do que cada um deles significa. Você pode ver com qual substantivo eles concordam?

Se olhar atentamente, você também vai encontrar um exemplo de um infinitivo e de um imperativo. Encontre-os e traduza-os.

RAÍZES LATINAS

Use o que você já aprendeu de latim para explicar o sentido da palavra sublinhada em cada sentença.

1 Nós passamos nossa aula de biologia dissecando sapos.
2 Dizem que falar consigo mesmo é um sinal de loucura incipiente.
3 Por que o mundo antigo deu àquele mar o nome de Mediterrâneo? (Dica: **medius** significa "meio", em latim.)

NOTÍCIAS DE ROMA

Construções em Eboracum

A primeira fortaleza de Eboracum foi feita com madeira. Ela foi construída pelos soldados legionários que chegaram em 72 d.C. Nos primeiros anos do século II d.C., decidiu-se substituí-la por uma construção de pedra. Construir com pedras era ainda relativamente incomum e o povo celta do local provavelmente viu esse trabalho com espanto e possivelmente com temor. Assim como estavam construindo uma base permanente e mais confortável para si mesmos, os soldados romanos estavam passando uma mensagem clara de que haviam chegado lá para ficar.

No principal período de construção foram necessárias toneladas de pedra. A rocha era trazida a Eboracum dos montes Peninos, e era transportada pelo rio Ouse por barcaças e depois por carroças para os locais de construção.

O edifício mais importante era o quartel-general, ou **principia**. Ele foi construído no atual terreno da Catedral de York e foi provavelmente tão grandioso quanto. As fundações da construção ainda podem ser vistas nas criptas da catedral. Era pesado e deve ter exigido um grande número de construtores, engenheiros, escultores e trabalhadores não especializados. É provável que o trabalho de construção tenha causado muito interesse e entusiasmo em Eboracum.

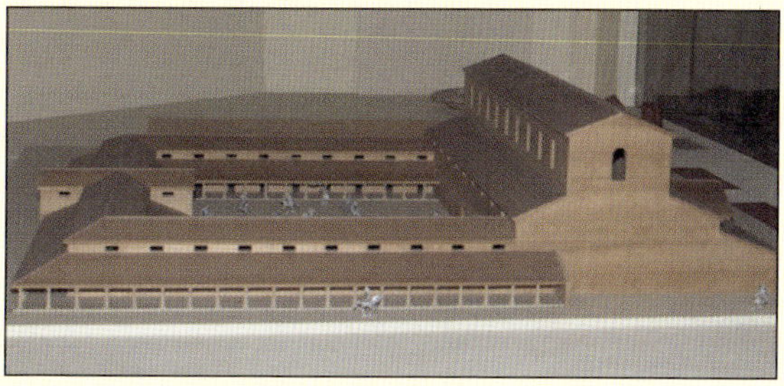

Modelo das criptas, catedral de York

Alguns Construtores São Melhores que Outros...

Flavius está supervisionando as atividades de outro grupo de soldados que está construindo um portão de pedra. Rufus se diverte observando seu trabalho.

1
castellum ligneum deletum est. nunc alii milites castellum lapideum aedificant.
2
castellum solidum est.
omnes Brigantes attoniti stant.
3
alii milites portam maximam aedificant.
4
milites descriptionem habent, in tabula pictam.
5
sculptor optimus, a Flavio iussus, inscriptionem sculpere incipit.
IMP
6
milites saxa maxima tollunt. Brigantes polyspaston mirabile spectant.
! !

7
cavete, milites! eheu! saxa non in proprio loco sunt.
8
subito milites saxum omittunt. est fragor ingens.
9
ecce! est parvus mus, saxo paene percussus.
10
euge! mus vivus est!
Rufus murem servat.

PALAVRAS PARA AJUDAR

Substantivos
Brigantes (m pl): brigantes (membros de uma tribo inglesa)
castellum (n): forte, fortaleza
descriptio (f): desenho
fragor (m): barulho
loco (m): lugar
polyspaston (n): guindaste
porta (f): portão

Verbos
habent: têm
omittunt: deixam cair
servat: salva
stant: estão de pé
tollunt: levantam
deletum est: foi destruído

Particípios
percussus: atingido
pictam: feito

Imperativo
cavete!: tomem cuidado!

Adjetivos
attonitus/ a/ um: espantado(a)
ingens: imenso(a)
lapideus/ a/ um: de pedra
ligneus/ a/ um: de madeira
mirabilis/ e: admirável
proprius/ a/ um: certo(a)
vivus/ a/ um: vivo(a)

Advérbio
paene: quase

DESCUBRA A GRAMÁTICA

Há mais quatro particípios para você encontrar na história em quadrinhos. Lembre-se de que os **particípios** se comportam como **adjetivos**, então eles devem ter o mesmo gênero que o substantivo que estão descrevendo. Dois dos particípios dos quadrinhos são masculinos, um é feminino e o outro é neutro. Você consegue descobrir qual é qual?

RAÍZES LATINAS

Use o que você já aprendeu de latim para explicar o sentido da palavra sublinhada em cada sentença.

1 Por que os instrumentos de percussão em uma orquestra têm esse nome?

2 Com o que você acha que um lapidário trabalha?

3 "A Catedral da Sé é um edifício magnífico." Explique essa frase utilizando uma palavra mais simples.

NOTÍCIAS DE ROMA

Uma Inscrição

Sobre o portão que os soldados estão construindo nessa história, havia uma inscrição honrando o imperador Trajano. Ela recorda a construção do portão em 107 d.C. pela Nona Legião. O que restou da inscrição é suficiente para que a completemos com as letras que faltam.

Na última linha, você pode ver que o portão foi construído pela Nona Legião, da Espanha (HISP). LEG é a abreviação de **legio** (legião), e é seguida por VIIII, outra forma do número romano para o nove (IX).

Rufus volta para casa com a ratinha assustada. Ela logo fica amiga de Minimus, e Rufus a chama de Minima. Rufus explica a Corinthus como Minima quase foi esmagada por uma pedra. Corinthus conta a Rufus que o famoso herói grego Odisseu quase foi morto por uma rocha também...

NUNCA SE EXIBA PARA UM GIGANTE

Certa vez o grande herói grego Odisseu foi preso em uma armadilha, com doze de seus homens, dentro da caverna de Polifemo, o ciclope. Tentando persuadir o gigante de um olho só a parar de comer seus homens, Odisseu se apresentou como "Ninguém" e ofereceu ao gigante um pouco de vinho. Assim que o ciclope ficou bêbado, Odisseu o cegou, e ele e seus homens sobreviventes conseguiram escapar para a segurança de sua embarcação. Polifemo gritou para os outros Ciclopes que Ninguém o havia machucado. Então eles não vieram ajudá-lo e ele teve que cambalear e tatear seu caminho até a praia, atrás dos gregos.

Assim que ele foi embora, Odisseu gabou-se para o ciclope, revelando sua verdadeira identidade: "Se alguém perguntar como você ficou cego, diga que seu olho foi furado por Odisseu, saqueador de cidades, filho de Laerte, que vive em Ítaca".

Polifemo estava tão irado que pediu a seu pai Poseidon que desse a Odisseu uma jornada difícil pelo oceano até chegar em casa. Então ele jogou uma rocha no barco de Odisseu e quase o fez afundar.

12 Iunius

Tudo Muda para Pandora

Liberdade!

1
intrate! exspectatissimi estis!
Barates familiam ad cenam invitat.
2
mihi placet Pandoram liberare.
Pandora! conside mecum!
3
volo vos testes esse.
Pandoram libero.
ita vero. euge!
4
Pandora, liberta facta, laetissima est.
5
Trifosa! Pandora nunc liberta est.
necesse est tibi cibum offerre.
6
Trifosa cibum timide importat.

7
eheu! est ubique squalor!
subito Trifosa cibum omittit.
8
Trifosa lacrimat. Corinthus et Candidus Trifosam adiuvant.
9
noli lacrimare!
ego quoque timida eram.
tu ancilla optima eris.
10
interea, Vibrissa et Minimus et Minima cibum edunt.

PALAVRAS PARA AJUDAR

Substantivos
liberta (f): livre
squalor (m): sujeira
testes (m pl): testemunhas

Advérbio
ubique: em todo lugar

Verbos
adiuvant: ajudam
edunt: comem
eris: você será
importat: traz

Infinitivos
esse: ser
liberare: libertar

Particípio
facta: tornada

DESCUBRA A GRAMÁTICA

Veja os quadrinhos novamente. Tente observar os seguintes pontos gramaticais – você já encontrou todos neste livro!

3 pronomes pessoais	4 infinitivos
1 imperativo singular	1 particípio
1 imperativo plural	1 verbo composto
1 imperativo negativo	1 pretérito imperfeito

Anote todas as palavras em latim e classifique-as; depois, faça a tradução.

RAÍZES LATINAS

Use o que você já aprendeu de latim para explicar o sentido da palavra sublinhada em cada sentença.

1 Eu vi o acidente de carro, então talvez eu tenha de testemunhar no tribunal.

2 Seu quarto está completamente esquálido! Por favor, limpe-o logo.

NOTÍCIAS DE ROMA

Libertando Escravos

No mundo romano, nem todos os senhores eram cruéis. Muitos decidiram libertar seus escravos, e esse ato era chamado **manumissio**. A palavra literalmente significa "enviar pelas mãos", de **mittere** (enviar) e **manus** (mão). Os escravos podiam conseguir sua liberdade de várias maneiras: um senhor poderia chamar testemunhas para uma cerimônia especial em que o escravo usava o **pilleus** e era tocado no ombro com uma vara. O escravo então se tornava um **libertus** (homem livre) ou **liberta** (mulher livre). Um senhor também podia dar liberdade a seus escravos em seu testamento, ou podia fazê-lo de maneira mais informal, simplesmente convidando um escravo para se juntar a ele no jantar, como Barates faz em nossa história. A presença da família como testemunha é importante: torna o evento legítimo.

A festa continua

1
Candidus et Trifosa alteram cenam coquunt.
optime coquis.
Trifosa erubescit.
2
volo vos testes esse. volo Pandoram uxorem meam esse.
3
Pandora. ecce! hic anulus tibi est.
Barates anulum aeneum tradit.
4
gratias maximas tibi ago. quam benignus es!
5
ego sponsus sum et tu sponsa es.
statim Pandora anulum in digito tertio ponit.
6
et hoc aliud donum est.
Barates flabellum tradit.

7
quam felix sum!
minime! quam felix est Barates!
8
necesse est nobis propinare. plus vini!
gratulationes! euge!
9
Trifosa optime saltat.
Corinthus et Candidus rident.
10
Minima! celebremus!
sed Vibrissa dormit.

PALAVRAS PARA AJUDAR

Substantivos

flabellum (n): leque
sponsa (f): noiva
sponsus (m): noivo
uxor (f): esposa

Adjetivos

alius/ a/ ud: outro(a)
felix: sortudo(a)

Verbos

celebremus: vamos festejar
erubescit: fica com vergonha
ponit: coloca
tradit: entrega

Advérbio

statim: imediatamente

Expressão

in digito tertio: no terceiro dedo, no dedo anular

RAÍZES LATINAS

1 O latim é de grande ajuda quando vamos aprender línguas modernas.

A expressão **gratias ago** significa "Eu agradeço", e nos faz lembrar em português "grato/grata" ou "gratidão", por exemplo.

Você consegue descobrir como dizer "obrigado" em italiano e em espanhol?

2 A palavra latina para "anel" é **anulus**. Os romanos colocavam anéis de casamento e compromisso no mesmo dedo em que as pessoas os usam hoje em dia. Tente descobrir como as pessoas chamam esse dedo; o nome está ligado à palavra latina.

NOTÍCIAS DE ROMA

Noivado

Escravos não podiam se casar, então Barates teve que libertar Pandora para poder torná-la sua esposa. Em nossa história, eles celebram a **sponsalia**, ou cerimônia de casamento. Essas cerimônias eram muito comuns e algumas vezes aconteciam quando o casal de noivos ainda era criança. Não havia idade mínima legal.

Os amigos e conhecidos se reuniam para um jantar de celebração e alguns deles atuavam como testemunhas. Presentes eram trocados e a mulher usava um anel de noivado. Na maior parte da Europa, esses anéis eram feitos de bronze, mas anéis de ferro eram usados na Alemanha.

Quando Barates anuncia que quer se casar com Pandora, ela diz: "Como sou sortuda!". Você concorda com ela?

Anel de noivado

Este é o tipo de leque que Barates dá a Pandora

Depois da festa de noivado, todos estão cansados, mas muito felizes.

Eles estão aguardando o casamento ansiosamente. Como sempre, Corinthus tem uma história apropriada para a ocasião.

O CASAMENTO DE PELEU E TÉTIS

Peleu era um grego muito valente e um dos favoritos do centauro Quíron, que ensinou muitos heróis em seu lar, no Monte Pelião. Peleu se apaixonou pela ardilosa deusa do mar Tétis, e Quíron o aconselhou sobre como ele poderia tê-la como esposa.

Peleu foi até um litoral isolado e se agachou à beira da água, escondido perto da entrada de uma caverna escura. Tétis veio deslizando por sobre as ondas nas costas de um golfinho e entrou na caverna para dormir durante o calor do dia.

Peleu a agarrou com seus braços e a segurou com força, enquanto a deusa enfurecida mudava de forma, tentando se livrar de seu captor. Ela se transformou em fogo, queimando as mãos de Peleu, e então em água, que quase escapou de seus dedos apertados. Ela virou um leão feroz, uma serpente sibilante e um molusco mortal, que o estrangulava, mas Peleu não a deixou escapar.

Finalmente, impressionada com sua determinação, Tétis aceitou se casar com ele. Eles se casaram no Monte Pelião e todos os deuses e deusas acompanharam o casamento.

Glossário

Verbos: as terminações que aparecem são, respectivamente, a da primeira pessoa do singular do presente do indicativo e a do infinitivo (p. ex. **accipere:** receber).

Adjetivos: as terminações que aparecem são, respectivamente, para as formas de masculino, feminino e neutro.

A

absum, -esse: eu estou ausente
accipio, -ere: eu recebo
ad: a
adiuvo, -are: eu ajudo
adsum, -esse: eu estou presente
advenio, -ire: eu chego
advesperascit: está anoitecendo
aedificium (n): construção
aedifico, -are: eu construo
aeneus/ a/ um: de bronze
agitatus/ a/ um: agitado, animado
agrimensor (m): agrimensor
alii... alii...: alguns... outros...
alius/ a/ ud: outro(a)
alter/ a/ um: o(a) outro(a) (de dois/ duas)
ambulo, -are: eu ando
amicus (m): amigo
amo, -are: eu amo
amphora: (f) jarro
ancilla (f): escrava
animal (n): animal
annus (m): ano
ante: atrás
anulus (m): anel
anxius/ a/ um: ansioso(a)
aper (m): javali
appropinquo, -are: eu me aproximo
aqua (f): água
arcesso, -ere: eu chamo
architectus (m): arquiteto
ardeo, -ere: eu queimo
arma (n pl): armas
ascendo, -ere: eu subo
astrologus (m): astrólogo
atrium (n): átrio (sala principal da casa)
attonitus/ a/ um: espantado(a)
audio, -ire: eu escuto
avia (f): avó
avunculus (m): tio
avus (m): avô

B

bellum (n): guerra
bellum gero, -ere: estou em guerra
benignus/ a/ um: bondoso(a)
bibo, -ere: eu bebo
bonus/ a/ um: bom/ boa
Brigantes (m pl): brigantes (membros de uma tribo inglesa)
bulla (f): pingente/ medalhão de ouro

C

Caledonia (f): Escócia
calidus/ a/ um: quente
candela (f): vela
canis (m ou f): cão
canto, -are: eu canto
capio, ere: eu pego
capra (f): cabra
carissimus/ a/ um: muito querido(a)
carus/ a/ um: caro(a), querido(a)
castellum (n): forte, fortaleza
Cataractonium (n): a atual cidade de Catterick
catena (f): corrente
cave/cavete!: cuidado!
celebro, -are: eu festejo
celeriter: rapidamente
celerrime: muito rapidamente
cena (f): jantar

ceno, -are: eu janto
cervesia (f): cerveja
cervus (m): cervo
cesso, -are: eu estou parado
cibus (m): comida
circum: ao redor de
clamor (m): barulho
clarus/ a/ um: famoso(a)
clavus (m): prego
cognati (m pl): parentes
colligo, -ere: eu junto/ recolho
columna (f): coluna
complano, -are: eu nivelo
condiciones (f pl): condições, acordo
condo, -ere: eu armazeno
confirmo, -are: eu confiro
consido, -ere: eu me sento
constituo, -ere: eu acerto/ combino/ estabeleço
construo, -ere: eu faço
consulo, -ere: eu consulto
consumo, -ere: eu como
cotidie: todos os dias
crepundia: (n pl) brinquedos
cubiculum (n): quarto
cum: com
cur? por quê?
curo, -are: eu cuido de
curro, -ere: eu corro
currus (m): carruagem
custodio, -ire: eu mantenho em segurança

D

Dacia (f): Dácia (antiga província romana que, atualmente, corresponde mais ou menos ao território da Romênia)
Danuvius (m): rio Danúbio
dea (f): deusa
deae matres (f pl): deusas mães
debeo, -ere: eu devo
decido, -ere: eu caio
defendo, -ere: eu defendo
deleo, -ere: eu destruo
deletus/ a/ um: destruído(a)
Delphi (m pl): Delfos
Delphicus/ a/ um: de Delfos
demonstro, -are: eu mostro
denarius (m): moeda romana de prata
descendo, -ere: eu desço
descriptio (f): desenho
designatio (f): projeto
designo, -are: eu projeto
detergeo, -ere: eu limpo
detraho, -ere: eu removo
deus (m): deus
dico, -ere: eu digo
dies (m): dia
dies lustricus: dia da purificação
difficilis/ e: difícil
digitus (m): dedo
diligens: cuidadoso(a)
diligenter: cuidadosamente
discedo, -ere: eu saio
disco, -ere: eu aprendo
diu: por um longo período
do, -are: eu dou
doleo, -ere: eu sinto dor
dominus (m): senhor
domum (f): para casa
dono, -are: eu dou
donum (n): presente
dormio, -ire: eu durmo
ducenti: duzentos
ductus/ a/ um: trazido(a)
duo: dois
dux (m): líder

E

e/ex: de
Eboracum (n): York, na Grã-Bretanha
ecce!: veja(m)!/ olhe(m)!
edicta (n pl): cartazes
edo, -ere: eu como
efflo, -are: eu sopro
ego: eu
ehem!: oh!
eheu!: céus!
emo, -ere: eu compro
emptus/ a/ um: comprado(a)
epistula (f): carta
equito, -are: eu cavalgo
equus (m): cavalo
eram: eu era/ estava
erat: ele/ ela era/ estava
erit: ele/ ela será/ estará
ero: eu serei/ estarei
erubesco, -ere: eu fico com vergonha
esse: ser, estar, existir, haver
et: e
euge!: oba!
exeo, -ire: eu saio
explico, -are: eu explico
expectatissimus/ a/ um: muito bem-vindo(a)

F
faber (m): trabalhador
fabula (f): história
facilis/ e: fácil
facio, -ere: eu faço, fabrico, construo
factus/ a/ um: tornado(a)
familia (f): família
felix: sortudo(a)
ferrarius (m): ferreiro
fessus/ a/ um: cansado(a)
festino, -are: eu me apresso
figlina (f): olaria
figulus (m): oleiro
filia (f): filha
filius (m): filho
flabellum (n): leque
flamma (f): chama
flumen (n): rio
foedus/ a/ um: nojento(a)
folia (n pl): folhas
fornax (f): fornalha
fortasse: talvez
fortis/ e: corajoso(a)
fortiter: corajosamente
Fortuna (f): Fortuna
fossa (f): vala
fragor (m): barulho
frigidus/ a/ um: frio(a)
frumentum (n): cereal
frustra: em vão
fundo, -ere: eu despejo

G
Gallia (f): Gália
gemini (m pl): gêmeos
Germania (f): Germânia (Alemanha)
Germanicus/ a/ um: germânico(a) (alemão, alemã)
gero, -ere: eu uso
gladius (m): espada
Graecia (f): Grécia
Graecus/ a/ um: grego(a)
grammaticus (m): professor
gratias ago, -ere: eu agradeço
gravidus/ a/ um: grávida
groma (f): groma (instrumento para medir o terreno)
gusto, -are: eu experimento

H
habeo, -ere: eu tenho
habito, -are: eu moro
hic, haec, hoc: este, esta, isto
hilariter: alegremente
Hispanicus/ a/ um: espanhol(a)
hodie: hoje
honestus/ a/ um: virtuoso(a)
horoscopus (m): horóscopo
horreum (n): celeiro
huc...illuc: para cá e para lá

I
iacto, -are: eu jogo, balanço
ibi: lá
igitur: por isso
ignavus/ a/ um: preguiçoso(a)
imperator (m): imperador
importo, -are: eu trago
in: dentro de, em
incedo, -ere: eu marcho
incipio, -ere: eu começo
infans (m ou f): bebê
ingens: imenso(a)
inscriptio (f): inscrição
inspicio, -ere: eu inspeciono
insum, -esse: eu estou dentro
intente: com atenção
interea: enquanto isso
intro, -are: eu entro
invenio, -ire: eu encontro
invito, -are: eu convido
invitus/ a/ um: de má vontade
involvo, -ere: eu enrolo
iocose: brincando
iocus (m): piada
ita vero: sim
Italia (f): Itália
iter (n): jornada
iterum: outra vez
iucundus/ a/ um: engraçado(a)
iussus/ a/ um: solicitado(a)
iuvenis (m): jovem

L
laboro, -are: eu trabalho
lacrimo, -are: eu choro
laetissimus/ a/ um: muito feliz
laetus/ a/ um: feliz
lapicidinae (f pl): pedreiras
lapideus/ a/ um: de pedra
Lares (m pl): deuses domésticos
laridum (n): banha de porco
Latinus/ a/ um: latino
lavo, -are: eu lavo
lectica (f): liteira

lectus (m): sofá
legiones (f pl): legiões
lego, -ere: eu leio
leniter: gentilmente
lente: lentamente
lepus (m): lebre **(pl. lepores)**
liber (m): livro
libero, -are: eu liberto
liberta (f): mulher livre
libertus (m): homem livre
(tibi) licet: (você) pode
ligneus/ a/ um: de madeira
lignum (n): lenha, madeira
limosus/ a/ um: enlameado(a)
lingua (f): língua, idioma
litterae (f pl): letras
locus (m): lugar
longus/ a/ um: longo(a)
lubricus/ a/ um: escorregadio(a)

M

machina (f): máquina
magnificus/ a/ um: esplêndido(a)
malus/ a/ um: mau, ruim
mando, -ere: eu mastigo
mano, -ere: eu espero
mare (n): mar
maritus (m): marido
mater (f): mãe
maxime: muitíssimo
maximus/ a/ um: muito grande
mecum: comigo
melior/ melius: melhor
mercatus (m): mercado
meus/ a/ um: meu / minha
mihi: para mim
miles (m): soldado
milia: milhares
milites (m pl): soldados
minime!: não! de modo algum!
mirabilis/ e: admirável
miraculum (n): maravilha
mirus/ a/ um: surpreendente
miser/ a/ um: infeliz
missus/ a/ um: enviado(a)
modicus/ a/ um: simples
mortuus/ a/ um: morto(a)
mulceo, -ere: eu faço carinho
multi/ ae/ a: muitos(as)
murmuro, -are: eu ronrono
mus (m ou f): camundongo

N

nam: pois
natus/ a/ um: nascido(a)
nauta (m) marinheiro
navigo, -are: eu navego
navis (f): navio
necessarius/ a/ um: necessário(a)
necesse est: é necessário
nescio, -ire: eu não sei
nihil: nada
ningit: está nevando
nobis: para nós
nobiscum: conosco
noli, nolite!: não!
nomen (n): nome
nomine: de nome... (chamado...)
non: não
nonne?: não é verdade?
noster/ a/ um: nosso(a)
notissimus/ a/ um: muito famoso(a)
notus/ a/ um: famoso(a)
novus/ a/ um: novo(a)
nunc: agora
nuper: recentemente

O

obesus/ a/ um: gordo(a)
obstetrix (f): parteira
octavus/ a/ um: oitavo(a)
officina (f): oficina
olfacio, -ere: eu farejo
olim: uma vez (passado), um dia (futuro)
olla (f): panela
omitto, -ere: eu deixo cair
omnes: todos(as)
operarius (m): operário
optime: muito bem
optimus/ a/ um: o(a) melhor, ótimo(a)
oraculum (n): oráculo
ornatrix (f): cabeleireira
oro, -are: eu rezo

P

paene: quase
paro, -are: eu preparo
parvus/ a/ um: pequeno(a)
pater (m): pai
patera (f): pote
pauci/ ae/ a: poucos(as)
pavo (m): pavão
percussus/ a/ um: atingido(a)
perdix (m ou f): perdiz

periculosus/ a/ um: perigoso(a)
perite: com habilidade
perterritus/ a/ um: apavorado(a)
peto, -ere: eu procuro
phalerae (f pl): medalhas
pictus/ a/ um: desenhado(a)
pila (f): bola
pilleus (m): gorro da liberdade
pipio, -are: eu pio
(mihi) placet: está bom para mim
placetne (tibi)?: está bom para você?
plaustrum (n): carroça
pluit/pluebat: está/estava chovendo
plus: mais
polyspaston (n): guindaste
pompa (f): desfile
pono, -ere: eu coloco
pons (m): ponte
porta (f): portão
porto, -are: eu carrego
portus (m): porto
positus/ a/ um: colocado(a)
possum, posse: eu sou capaz de
post: depois de
postridie: no dia seguinte
praecipue: especialmente
praecipuus/ a/ um: notável, especial
praefectus (m): comandante
praesum, praeesse: eu estou no comando
pretium (n): preço
principia (n pl): quartel-general
procedo, -ere: eu avanço
proelium (n): batalha
profero, -rre: eu pronuncio
profundo, -ere: eu derramo
prope: perto
propello, -ere: eu puxo, empurro
propino, -are: eu brindo
proprius/ a/ um: certo(a)
puella (f): menina
puer (m): menino
pugno, -are: eu luto
pulcher/ a/ um: bonito(a)

Q

quaero, -ere: eu procuro
quam celerrime: o mais rápido que pode
quanti est?: quanto custa?
quid agis?: o que há?
quid vis?: o que você deseja/ quer?
quiesco, -ere: eu descanso
quinque: cinco
quis?: quem?
quod: porque
quoque: também

R

recumbo, -ere: eu estou reclinado(a)
redeo, -ire: eu volto
relaxo, -are: eu relaxo
res (f): coisa
responsum (n): resposta
retia (n pl): redes
revenio, -ire: eu volto
rideo, -ere: eu rio
rogus (m): fogueira
Romanus/ a/ um: romano(a)

S

saccarius (m): carregador
sacellum (n): oratório
sacerdos (m ou f): sacerdote/ sacerdotisa
saepe: frequentemente
salto, -are: eu danço
salve/salvete!: olá!
satis!: basta!
Saturnalia (n pl): Saturnalia, as festas de dezembro
saxum (n): pedra
scarabaeus (m): caruncho
scilicet: certamente
scio, -ire: eu sei
scriba (m): escriba
scribo, -ere: eu escrevo
scriptus/ a/ um: escrito(a)
sculpo, -ere: eu esculpo
sculptor (m): escultor
sectus/ a/ um: cortado(a)
secundus/ a/ um: segundo(a)
sed: mas
sedeo, -ere: eu estou/fico sentado(a)
segosus (m): cão de lontra (uma raça de cães de caça)
semper: sempre
septem: sete
servo, -are: eu salvo
servus (m): escravo
signifer (m): guardião da insígnia
silices (m pl): pedras de sílice
silva (f): floresta
Silvanus (m): o deus da caça
sisto, -ere: eu paro
solidus/ a/ um: sólido(a), firme
sollicitus/ a/ um: preocupado(a)
solus/ a/ um: sozinho(a)

spargo, -ere: eu jogo (um pouco de água)
specto, -are: eu observo
splendidus/ a/ um: brilhante
sponsa (f): noiva
sponsus (m): noivo
squalor (m): sujeira
statim: imediatamente
stella (f): estrela
stipendium (n): pagamento (aos soldados)
sto, -are: eu estou de pé
strideo, -ere: eu guincho
suaviter: docemente
sub: sob, embaixo de
súbito: de repente
subsum, subesse: eu estou embaixo
sudarium (n): toalha
sum, esse: eu sou, estou, existo
supero, -are: eu venço
supersum, superesse: eu sobrevivo
susurro, -are: eu sussurro

T

tabula (f): tabuleta de escrever
tacitus/ a/ um: em silêncio
tam: tão
tamen: no entanto, entretanto
tandem: finalmente
tango, -ere: eu toco
tempestas (f): tempestade
teneo, -ere: eu seguro
tero, -ere: eu esfrego
terra (f): terra, solo, chão
tertius/ a/ um: terceiro(a)
testis (m ou f): testemunha
tibi: para você
timeo, -ere: eu estou com medo
timide: com timidez
timidus/ a/ um: tímido(a)
titulus (m): inscrição
tollo, -ere: eu removo, pego, levanto
tonat: está trovejando
totus/ a/ um: todo(a)
tractus/ a/ um: carregado(a)
traditus/ a/ um: entregue
trado, -ere: eu entrego
Traianus (m): Trajano
trans: através, além de
transeo, -ire: eu atravesso
tribunal (n): plataforma
triclinium (n): sala de jantar
tripus (m): tripé
tristis/ e: triste
tristissimus/ a/ um: muito triste
trunco, -are: eu corto
tu: você
tum: então
turbulentus/ a/ um: agitado(a)
tutus/ a/ um: salvo(a)
tuus/ a/ um: seu / sua

U

ubi?: onde?
ubique: em todo lugar
ululo, -are: eu uivo
unus/ a/ um: um(a)
uxor (f): esposa

V

vado, -ere: eu vou
vagio, -ire: eu choro
vale!/ valete!: tchau!
validus/ a/ um: forte
venabulum (n): lança de caçador
venalicius (m): vendedor de escravos
venatio (f): caça
venio, -ire: eu venho
ventosus/ a/ um: cheio de vento
verbum (n): palavra
vertragus (m): galgo (uma raça de cães de caça)
vestimenta: roupas
vexillarius (m): vendedor de bandeiras
via (f): estrada
video, -ere: eu vejo
villa (f): casa
vinctus/ a/ um: preso(a)
vinum (n): vinho
vir optime! (m): senhor!
visito, -are: eu visito
vita (f): vida
vivus/ a/ um: vivo(a)
vobis: para vocês
vocatus/ a/ um: chamado(a)
voco, -are: eu chamo
volo, vele: eu desejo, quero
vomo, -ere: eu vomito
vos: vocês